GLOBALIZACIÓN
Entender el nuevo ámbito mundial y tomar decisiones.

Leandro A. Viltard

Copyright © 2013 Business Systems Laboratory

All rights reserved.

ISBN: 149045487X
ISBN-13: 978-1490454870

A mi familia y a Leandro, mi hijo.

BUSINESS SYSTEMS BOOK SERIES

The book series "Business Systems" publishes research and essays, coming from the scientific and consulting activity of the members of the nonprofit scientific organization Business Systems Laboratory (Italy) as well as from invited well-known scientists in the business systems field.

The book series aims to attract the cutting edge research at international level and to make it available for academics and practitioners.

The official languages of the Business Systems books series are: English, Spanish and Italian.

The main topics include, but not are limited to, the following areas of knowledge: *Systems Theory; Systemic Approach for Business; Complex Systems Theory; Managerial Cybernetics; Economic and Social Systems; Business Communication Systems; Innovation Systems; Action Research; Financial Systems; Service Science; Sustainability; Corporate Social Responsibility; Knowledge Management; Supply Chain Management; Strategic Management; Consumer Behavior; Marketing; Corporate Finance; Banking; e-Business; e-Learning; Business Process Management.*

The book proposals are evaluated by the Scientific Board on the basis of **double blind peer review**.

SCIENTIFIC BOARD

Scientific Director:
Arturo Capasso – Univ. of Sannio (Italy)

Vice Scientific Director and Editorial Director:
Gandolfo Dominici – Scientific Director Business Systems Laboratory

Editorial Director:
Mauro Sciarelli - Univ. "Federico II" of Naples (Italy)

Editorial Assistant:
Federica Palumbo - Secretary General Business Systems Laboratory

Board members:
- Dimitris Antoniadis – Univ. of West London (UK)
- Gianpaolo Basile – President B.S.Lab- Univ. di Salerno
- Arturo Capasso – Univ. of Sannio (Italy)
- Gerhard Chroust, - J. Kepler University Linz (Austria)
- Raul Espejo - World Organization of Systems and Cybernetics (UK)
- Marco Galvagno – Univ. di Catania (Italy)
- José Rodolfo Hernández-Carrión - Univ. of Valencia (Spain)
- Ignacio Martinez de Lejarza - Univ. of Valencia (Spain)
- Arabella Mocciaro Li Destri – Univ. of Palermo (Italy)
- Luca Pazzi – Univ. Modena and Reggio Emilia (Italy)
- Vincenzo Pisano – Univ. di Catania (Italy)
- Enzo Scannella – Univ. of Palermo (Italy)
- Giancarlo Scozzese - Univ. per Stranieri of Perugia (Italy)
- Maurice Yolles - Centre for the Creation of Coherent Change & Knowledge (C4K) (UK)

CONTENIDO

Resumen	viii
Introducción	1
Capítulo 1 – Los aspectos bajo análisis	3
Capítulo 2 – Los poderes en juego	30
Capítulo 3 – La ética y la moral	35
Capítulo 4 - ¿Cómo medir el éxito de la globalización?	39
Conclusiones	41
Bibliografía	47
About the author	54

RESUMEN

La globalización propone un nuevo juego de interrelaciones entre los poderes establecidos y otros nuevos que se instalan, configurando un complejo marco, con límites y espacios que aún están por ser descifrados.
Este trabajo presenta un análisis a partir de cuatro aspectos (cultura y sociedad; identidad; ambiente económico; y Estado-nación y poder), proponiendo elementos básicos que permiten profundizar en este fenómeno tan particular como controversial. Además, se incluyen reflexiones éticas y morales, e ideas para medirla.
El objetivo final es el de ayudar a los factores de decisión –funcionarios, ejecutivos e individuos- a encontrar mejores respuestas a la globalización, la que ha cambiado la fisonomía de mucho de lo conocido.

ABSTRACT

Globalisation proposes a new set of relationships between the established powers and new ones that are appearing. A complex framework is under configuration, with boundaries and spaces that are yet to be deciphered.
This paper presents an analysis from four aspects (culture and society; identity; economic environment; and Nation-state and power) and proposes basic elements which allow deepening into this unique and controversial phenomenon. Also, there are included ethical and moral reflections, and ideas to measure it.
The ultimate goal is to help decision factors -officials, executives and individuals- to find better answers to globalization, which has changed the physiognomy of much of the known.

METODOLOGÍA Y DISEÑO

Se ha realizado un estudio exploratorio y descriptivo, con metodología cualitativa y un diseño no experimental (dentro de este tipo de diseños, transversal ya que la información fue recolectada en un período dado de tiempo).

Este trabajo se expone en forma de ensayo, por lo que, para sustentar el marco teórico planteado, se ha utilizado información obtenida de fuentes secundarias relevantes que profundizan esta temática.

La unidad de análisis ha sido el proceso de globalización que es donde se desenvuelve la sociedad, entendida como países/regiones, instituciones, organizaciones e individuos. Con el análisis realizado se ha pretendido profundizar en el conocimiento de este tema y además, se ha tratado de asegurar que conocimientos precedentes no influyeran en el presente ensayo.

El marco espacial de este estudio ha sido Argentina, y el temporal Enero 2009- Noviembre 2012.

ALCANCE: LIMITACIONES/CLARIFICACIONES

- Se ha utilizado información secundaria importante de autores internacionales, aunque resulta dificultoso aseverar que toda la información relevante ha sido incluida.
- Este trabajo ha sido encarado como un ensayo, por lo que no se han utilizado técnicas de campo para construir un marco investigativo.
- Por ser un estudio cualitativo, no podrán generalizarse los hallazgos, aunque sí esperamos aportar al proceso de toma de decisiones.
- Las conclusiones y opiniones que se expresan están estrictamente basadas en la información analizada.

A partir de la información estudiada, se entiende que ha sido posible presentar un estudio razonable y profundo sobre el fenómeno de la globalización y algunas de sus consecuencias para la toma de decisiones, como también, cumplir con los objetivos de la misma.

HALLAZGOS

Este trabajo muestra las dificultades y ambivalencias que presenta el nuevo mundo global para que el individuo no pierda su ubicación espacial y temporal, y a partir de él, tanto los países, organizaciones, instituciones y empresas estén en condiciones de responder a un entramado social-cultural-político-económico que no cuenta con fronteras precisas.

ORIGINALIDAD Y VALOR

La globalización ha sido planteada desde cuatro aspectos, los que permiten un análisis pormenorizado de sus impactos y consecuencias. Se espera que este estudio contribuya a mejorar el proceso de toma de decisiones a nivel local y regional, y aliente la construcción de nuevas fronteras sociales-culturales-políticas-económicas basadas en valores y ética mucho más sólidos.

INTRODUCCIÓN

El siglo XX presencia la caída del modernismo y, con él, se desmorona el imperio de la razón. Posmodernismo y globalización se convierten en conceptos de uso cotidiano. La pérdida de límites y de zonas definitivas -tanto en lo social, como en lo cultural, económico e institucional- se instalan para vivir entre nosotros.

Presenciamos aparentes impactos aislados a un mundo híperconectado social, cultural y políticamente donde habita el fenómeno complejo, multidimensional y paradójico de la globalización que incluye, pero no se limita a:

- Un nuevo concepto de Estado-nación, con la disminución de su poder.
- Nuevos alineamientos políticos en el marco de ciudades globales, con tensiones motivadas por reconsideraciones en la identidad y la cultura.
- Migraciones internacionales con inequidad.
- Desigualdades sociales y territoriales con desamparo.
- Desbalances en la rentabilidad y el poder de los distintos sectores industriales, con ineficacia en la distribución.
- Una nueva espacialidad con localizaciones y deslocalizaciones.

La globalización puede ser explicada como un marco complejo de relaciones entendido como un proceso triple: 1) La transnacionalización de espacios y vínculos sociales; 2) La revalorización de las culturas locales y aportes de segundas o terceras culturas externas; y 3) Como un diálogo múltiple -entre sus autores e interlocutores- en diferentes perspectivas históricas y teóricas (Beck, 1998). Todas las teorías que permiten explicar su significado -tímidas o audaces- abren perspectivas al esclarecimiento de las configuraciones y de la sociedad global (Ianni, 1996). Revalorización, olvido, nuevas culturas y actores, todo es posible en el ámbito que la globalidad plantea.

A continuación se muestran en un gráfico los cuatro aspectos tratados (Cultura y sociedad; Identidad; Ambiente económico y Estado-nación y poder), los que en este trabajo serán desarrollados a fin de profundizar en el fenómeno de la globalización y sus consecuencias más próximas:

Gráfico 1 - Los Aspectos Bajo Análisis

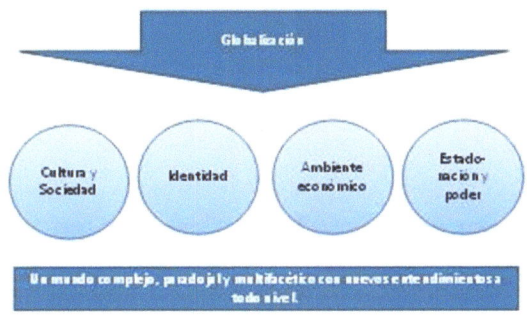

Fuente: Propia

Objetivo del trabajo

Ayudar a los factores de decisión –funcionarios, ejecutivos, entrepreneurs e individuos- a encontrar mejores respuestas al proceso de globalización a partir de su entendimiento más profundo.

CAPÍTULO 1
LOS ASPECTOS BAJO ANÁLISIS

1.1 Cultura y sociedad

Desde el punto de vista de la cultura y de la sociedad podemos distinguir algunos elementos que caracterizan este nuevo proceso y que resumen el pensamiento de autores tales como Sassen (2007), Ianni (1996) y Beck (1998).

Observan que se desdibujan las fronteras y presenciamos el fin de los universos cerrados. Las épocas se observan –en grandes bloques de pensamiento- como versiones taquigráficas y simplificadas de la realidad. Así, surgen las culturas híbridas sustentadas por la ampliación del intercambio comercial y las redes de comunicación.

Aparece la ciudad global, concebida como el centro de las contradicciones y conflictos que se generan en diversidades étnicas y raciales que ocupan los distintos lugares sociales disponibles. De este modo, la sociedad global requiere de un espacio vital –de magnitud nunca antes vista- donde desenvolverse y plantear su problemática. El individuo, las empresas, los grupos de poder empresarios, el Estado, los grupos raciales y religiosos -entre otros- hacen oír su voz en busca de ser escuchadas sus posturas y reclamos. Surgen ganadores y marginados; aparece el sentimiento de pertenecer y el de olvido.

Nuevos actores -los inmigrantes- participan activamente en la vida de las ciudades globales ya que migrar se torna fácil y accesible. Además, organismos internacionales de carácter social les proponen una más fácil integración al nuevo medio.

Los medios de locomoción y comunicación se vuelven más veloces; se vive y actúa aquí y más allá. Un lugar ya no es un lugar, sino un concepto que no puede ser reproducido en otro sitio. Como consecuencia, el espacio y el tiempo se multiplican y diluyen, y la sociedad pierde sus lugares concretos. Se vive y se actúa en todos lados.

Aunque no es solo un tema de espacio geográfico, sino de reconfiguración del espacio político y de poder con tensiones sociales y desigualdad, debido a actividades y objetivos que no son adecuada y rápidamente interpretados. En la ciudad global, las tensiones y luchas se convierten en denominador común, con lo que el capitalismo se globaliza, instalándose desigualdades sociales a escala mundial.

Por un lado, se plantea la homogenización y la convergencia cultural, aunque parece imposible borrar de raíz los rasgos culturales que sustentan a cada civilización en un planeta tan diverso. Por otro, se realza la tendencia a que la convergencia tenga lugar en modo progresivo ya que los sistemas de información y la electrónica pueden ayudar en esta tarea.

Se instala la venta de mercancías y el empaquetamiento de información, entretenimientos e ideas. La instantaneidad de la imagen y del sonido hace que hasta los periódicos sean lentos; el "online en todo momento y lugar" invade el mundo.

Beck por ejemplo, no está de acuerdo con la convergencia de cultura global manifestada en la "macdonalización", aunque reconoce que está surgiendo un solo mundo mercantil con símbolos globales utilizables. Lo mismo sucede con los contenidos culturales e informativos donde se sugiere que la globalización corre pareja con la localización. Por ende, se observa que se dificulta la visión común y plenamente aceptada; la perspectiva personal –y local- y la global entran en conflicto.

Los nuevos usuarios de la ciudad son las empresas extranjeras y los nuevos profesionales transnacionales, gracias a la desregulación progresiva de las economías nacionales. Existen nuevos actores políticos que se presentan en estructuras políticas formales, proyectando lo nacional a lo transnacional.

Una consecuencia fundamental de lo planteado es que las ciencias sociales deben producir cambios para adaptarse y poder explicar nuevos fenómenos y relaciones. Aún, se las observa instaladas en recabar datos de entidades cerradas como el Estado-Nación y la economía.

Para Sassen (2007), las ciencias sociales enfrentan un desafío teórico y metodológico. En las empresas -como en todo tipo de organizaciones- deberá contemplarse que la sociedad se ha internacionalizado, por lo que deberán incluirse en los análisis a los inmigrantes y a los profesionales transnacionales, por ejemplo. El individuo y su entorno cultural y social deben ser reinterpretados. La autora plantea ampliar el marco de análisis a través herramientas tales como, encuestas en fábricas que forman parte de cadenas de producción internacionales, realizar entrevistas individuales para vislumbrar el imaginario sobre la globalidad o las etnografías de los centros financieros internacionales. Concluye que las ciencias sociales, como la sociología y la antropología, deberían extenderse para ayudar en la comprensión de tanta complejidad y multiplicidad.

Beck –coincidiendo con Sassen- plantea un nuevo concepto de cosmopolitismo e indica que las humanidades –sociología y ciencia política, entre otras- son prisioneras del concepto de Estado-nación y esto se remonta al siglo XIX. Insiste en que no existe coincidencia en las fronteras geográficas o territoriales y las económicas, políticas y culturales, aunque las distintas identidades culturales surjan en personas que viven en distintos países. En su visión, se necesita de una perspectiva distinta ya que el Estado-nación ya no es la unidad de acción y del pensamiento económico, no pudiendo ser utilizado -tampoco su sociedad- como unidad de investigación. Así, las unidades transnacionales de investigación deben redefinirse -por caso, Europa- con el fin de estudiar la interacción de los distintos actores globales.

Por lo expuesto, se torna imprescindible el estudio de los procesos nacionales y sub nacionales y su recodificación en el marco de lo global. Sería posible la utilización de los distintos datos y las tecnologías existentes, pero ubicando los resultados en marcos conceptuales distintos, con categorías que no presupongan dualidades típicas, tales como lo nacional-global o lo local-global. Como resultado, Sassen (2007) propone nuevas categorías o nuevas modalidades visibles: comunidades de inmigrantes, profesionales transnacionales, ciudades globales, comprensión del espacio-temporal y cadenas de producción internacional.

La cultura y la sociedad presentan cambios, y la conexión de las regiones y ciudades -interna y externamente- tiene que ver con un mundo múltiple y lleno de disparidades. Este nuevo mapa global cuenta con nuevos significados; develarlos y darles un sentido se presenta como la ineludible responsabilidad de todos. También, vemos que el ser humano y su contexto ya no son los mismos, por lo que nuestra tarea será la de ayudar a crear nuevos ámbitos y límites que contribuyan a diseñar un modelo social y cultural que brinde los horizontes y beneficios que el futuro espera.

En el siguiente cuadro se muestran los principales conceptos que surgen de este acápite:

Cuadro 1 - Cultura y Sociedad

- El fin de los universos cerrados.
- Aparece la ciudad global y sus nuevos usuarios: empresas extranjeras, nuevos profesionales transnacionales e inmigrantes.
- Todos los medios de locomoción y comunicación se vuelven más veloces.
- Reconfiguración del espacio político y de poder con tensiones

> sociales y desigualdad.
> - ¿Homogenización cultural?
> - Las ciencias sociales deben cambiar.

Fuente: Propia

1.2 Identidad

La globalización, planteada desde la identidad, hace ver a los pueblos y a los individuos como algo más preciso y –en apariencia- más acotado. Desde la perspectiva del individuo implica referirnos a ellos como ciudadanos, votantes, empleados, jefes, alumnos o profesores, y además, entender que la cultura y la historia de un pueblo no deben subsumirse -por ejemplo- a los designios del mercado. Identidad individual y colectiva tienen sus puntos de contacto, tal el caso de Rifkin que -en una entrevista en Italia- indicó:

"Ustedes, los italianos, fueron los primeros que desarrollaron el concepto de comercio y supieron vender su cultura en el ámbito internacional (a través de muebles, seda y cristal). Fueron siglos de gran éxito en los que - sin embargo- el comercio no estranguló a la cultura y la razón principal es que ningún italiano creyó nunca que el mercado fuera más importante que la cultura. Espero que Italia no adopte el modelo norteamericano". Y agregó, "un pueblo que olvida su historia, es un pueblo carente de identidad"[1].

En autores como Ianni (1996), Beck (1998), Larrain (1996) y Sassen (2007) encontramos definiciones fundamentales del aspecto identitario que resumiremos en los siguientes párrafos.

Se observa que se pierden los lugares permanentes debido a los viajes y cambios de residencia. La multiculturalidad y el universalismo influyen en la vida cotidiana de cada individuo, apareciendo la multiplicidad de identidades. La mano de obra se transnacionaliza y –con ella- se forman identidades transnacionales. Surgen conceptos como diversidad, multiculturalidad y multiplicidad de identidades -todos vistos como alteridad- con los que el poder empresarial/económico devalúa a las culturas.

Ciertas elites se sienten cosmopolitas transcendiendo lo local o relocalizándose en pocas ciudades como París, Nueva York o Londres. Ya no hay países que operan solamente como de origen o receptores de inmigrantes, y estos últimos no son más espectadores inocentes.

Al mismo tiempo se vigorizan los nacionalismos, las identidades de grupos étnicos, y los sentimientos religiosos y fundamentalismos de diversa índole. Se reafirma la identidad de algunos pueblos, cargando simbólicamente aspectos diferenciados de su cultura, convertidos en referentes de identidad.

La metáfora y la utopía lo explican todo, y el individuo es corrido del centro de la escena. Así, el presente se torna indefinido y el futuro inaccesible. Al individuo se le pide apertura mental y una gran adaptabilidad a un contexto demasiado cambiante y nuevo para él, hasta el punto que algunos autores -Ianni, 1996, por ejemplo- predicen la pérdida de la individualidad de cada ser humano, y su inmersión total en el mercantilismo y en el ahora. Indica que el centro del mundo ya no es principalmente el individuo, ni la tierra el centro del universo.

La metáfora es tomada como modo de graficar mundos que -por motivos diversos- se sienten conmovidos; surgen maneras de aludirlos como: aldea global, fábrica global, tierra patria, nave espacial y nueva Babel, o también, como: economía-mundo, sistema-mundo, shopping center global, Disneylandia global, nueva división internacional del trabajo, moneda global y ciudad global.

"La metáfora está siempre en el pensamiento científico. No es un artificio poético, sino una forma de sorprender lo imponderable, fugaz, recóndito o esencial, oculto en la opacidad de lo real….ayuda a comprender y explicar -al mismo tiempo- y a captar lo que hay de dramático y épico en la realidad, desafiando la reflexión y la imaginación….las metáforas producidas en los horizontes de la globalización entran en diálogo unas con otras, múltiples, plurales, polifónicas". A su vez, la utopía se desenvuelve en este ámbito… puede ser la imaginación del futuro y -la nostalgia- la imaginación del pasado. En todos los casos, está cuestionada la promesa ante el presente o el extrañamiento ante la realidad". (Ianni, 1996 pp. 3-12, 13-29, 44-58 y 74-91).

Se desprende que la globalización es un fenómeno que está tanto en la realidad como en el pensamiento. Es por ello, que aumenta la conciencia hacia identidades culturales diferenciadas, o sea, que propone el descentralismo del sujeto racional moderno. Asimismo, el mayor multiculturalismo y las diferencias ya no permiten afirmar identidades cerradas y definitivas (Reigadas, 1998).

Para muchos, el mundo nos sume a lo agresivo y devastador ante la pérdida de contextos fijos. Por ende, las identidades personales son moldeadas por las identidades colectivas, presentándose como un elemento en evolución, no fijo. Reigadas (1998) expresa que el trastrocamiento y multiplicación de mundos diferentes, precarios, contingentes y fragmentados nos coloca ante la dificultad de incluir y elaborar la presencia y el posicionamiento del otro bajo los modos habituales y propios de la modernidad; y, por lo tanto, de elaborar y sostener -a partir del encuentro con el otro- nuestra propia identidad. Así -cuando los ritmos de cambio se aceleran- resulta muy difícil establecer posiciones de identidad, por lo que concluye que las identidades constituidas se deshacen y la crisis de alteridad es crisis de identidad.

En cierto modo Ianni (1996) coincide con Reigadas cuando indica que el tema de nuestro tiempo es la auto-preservación, aunque ya no existe un yo a ser preservado. De este modo, la decadencia del individuo es evidente y él mismo -singular o colectivo- produce y reproduce las condiciones materiales y espirituales de su subordinación y eventual disolución.

También, en cada individuo la identidad tiene una existencia multidimensional e imposible de ser disociada de la realidad social; coexisten, cada vez más, cosmopolitismo y múltiples identidades. De este modo, Ianni (1996) plantea el fin del pensamiento único o disgregado, e indica que aparecen fórmulas simbólicas como "la aldea global", "la fábrica global", "la torre de Babel", "el mundo Sony", "el mundo Coca Cola", "el mundo Pepsi Cola", "el mundo WWW". Completa, además, que se descree de valores, virtudes e instituciones como la familia y el trabajo, valorizándose la seducción, la espontaneidad y la simpatía. Junto con el gran atractivo por la velocidad, la animación y el incesante movimiento de gente, se vive la desintegración y la soledad.

Todos los actores son alcanzados hasta los profesores universitarios y otros profesionales que -por su trabajo- se desplazan por distintas culturas y países construyendo nuevos estilos de vida. El individuo cambia con frecuencia de residencia, no habiendo lugares permanentes, por lo que la identidad se torna viajera. De esta manera, la globalización irrumpe en la propia vida cuando se tiene contacto con distintos lugares; la vida deja de estar ligada al lugar, es una vida de viaje. O sea, da lugar a la multiculturalidad y al universalismo contextual, por lo que, según Beck (1998) arribamos al punto de no contar con certezas universales.

En una visión algo más caótica, Ianni (1996, pp. 8-10) con su "nave espacial" sugiere "el viaje y la travesía; el lugar y la duración; lo conocido y lo incógnito; lo destinado y lo descarriado; la aventura y la desventura. La magia de la nave espacial va junto con el destino desconocido. El deslumbramiento de la travesía trae consigo la tensión de lo que puede ser imposible...los habitantes de la nave pueden ser arrollados...y ser capaces de descubrir su imposibilidad de descubrir y transformarse". Esta metáfora lleva consigo una visión pesimista y la idea de la "disolución del individuo como sujeto de la razón y de la historia" y su decadencia final; la fábrica donde vive y se recrea lo hace desaparecer. La "torre de Babel" sugiere "un espacio caótico para los individuos -singular o colectivamente- que tienen dificultad para comprender que están extraviados, en decadencia, amenazados o sujetos a la disolución". Revela, además, lo que "hay de trágico en el modo en que se da la globalización....se construyen así las nuevas geografías transfronterizas de la centralidad y marginalidad".

Profundizando en el cosmopolitismo, Beck (1998) propone que la globalización o mundialización -en sentido económico como cultural- significó siempre algo así como una agregación a las dimensiones ya existentes de los Estados nacionales. En orden sucesivo vendrían la localidad, la región, el Estado, el nivel internacional y, finalmente, la globalización. Puntualiza que el cosmopolitismo trata de reemplazar al concepto de globalización borrando diferencias y polaridades, tales como: interior-exterior, nacional-internacional, yo-otro. La realidad da nuevas mezclas que deben ser analizadas, indica.

El cosmopolitismo de Beck es mucho más que incluir a los otros y se aparta de la sociedad mundial de los años 70 de N. Luhmann[2] y del esquema capitalista mundializado de I. Wallerstein (2006)[3]. En la visión de Beck, nuestra propia vida se convierte en un espacio de nuevas experiencias que se vinculan con la globalización. En nosotros coexisten múltiples identidades con un sentido del mundo y buscamos un diálogo con las numerosas ambivalencias que se dan en la época actual. Los fenómenos cosmopolitas no pueden ser encarados a través de los paradigmas nacionales, citando el caso de la gripe aviar que obliga a enfrentar -más allá de las fronteras existentes- los riesgos globales que se corren, generándose una competencia global en ese campo.

El idioma –también– ayuda a que se diluyan las identidades. El inglés –hablado en los parajes más lejanos- es el idioma de los negocios y de la globalización, y constituye la primera o segunda lengua de un número creciente de individuos en el mundo. Gracias a la lengua inglesa, las fronteras son una mera ilusión. Beck (2005) aboga por el multilingüismo, la confluencia y la simultaneidad de múltiples culturas; y reconoce la diversidad y los conflictos que se pueden dar por ciertas políticas internacionales. Observa que los inmigrantes/emigrantes trazan nuevas fronteras, combinando lenguas, leyes y sistemas, y construyendo espacios transnacionales donde vivir y desenvolverse. Éste es el nuevo cosmopolitismo del que habla Beck, concibiendo a nuestro tiempo como una mejor forma de heterogeneidad y transferencia de recursos culturales y étnicos, proponiendo algo así como un multiculturalismo esperanzado.[4]

Para muchos es un fenómeno de integración, aunque para otros de exclusión. Como consecuencia, el proceso de mundialización genera dos dinámicas complementarias y opuestas: la globalización y la reafirmación identitaria (localización). Por un lado, se observa que los mercados están cada vez más mundializados; las nuevas tecnologías, los programas informáticos, la música rock, la Coca Cola, los jeans, las tiendas Mc Donald's o la hegemonía de la lengua inglesa son consecuencia directa de la acentuación del imperialismo cultural y de la imposición del estilo americano. Por otro, los valores son moldeados por el consumo y las personas son evaluadas –atribuyéndoseles una identidad- según lo que acceden a comprar. De esta manera, Beck (2005) enfatiza que el individuo-consumidor depende de lo que posea o es capaz de apropiarse. Es decir, la globalización de la economía está definiendo una identidad más vinculada con los bienes a los que se accede que con el lugar donde se ha nacido.

De este modo, también los pueblos necesitan buscar su identidad, la que no está necesariamente ligada a situaciones de colonización o dependencia. El sentimiento de crisis de identidad puede motivarse en situaciones de disgregación social, y el proteccionismo o el nacionalismo exasperados pueden ser vistos como respuestas a una cultura homogeneizadora que pone de manifiesto la fragilidad en la identidad colectiva y personal. Se están produciendo fuertes desestructuraciones y reestructuraciones, creándose nuevas segmentaciones sociales y verdaderas subculturas que fomentan la desintegración de las culturas locales[5].

Se desprende de lo anterior que construir una identidad significa no solo partir de cada uno, sino poner la mirada en el otro, reconocer las diferencias e incorporar lo que de los otros pueda ser de valor, sin llegar a ser absorbidos por una cultura dominante. Construir una identidad es evitar los extremismos o la acentuación de universalismos unilaterales, respetando las diferencias.

Se muestra en el siguiente cuadro un resumen de los principales conceptos planteados en el presente acápite:

Cuadro 2 – Identidad

- Olvidar la historia es olvidar la identidad.
- Integración y fragmentación a la vez.
- Nuevas segmentaciones sociales y verdaderas subculturas, que fomentan la desintegración de las culturas locales. Se vigorizan los nacionalismos
- Aparición del cosmopolitismo e identidades múltiples, transnacionales y culturales diferenciadas.
- La metáfora y la utopía lo explican todo; el individuo es corrido del centro de la escena.
- Pérdida de la individualidad y contexto, e inmersión de cada ser humano en lo transitorio, en el mercantilismo y en el ahora.
- Se descree de valores, virtudes e instituciones.
- La identidad se torna viajera, careciéndose de certezas universales.
- La identidad más vinculada con los bienes a los que se accede que con el lugar donde se ha nacido.

Fuente: Propia

1.3 Ambiente económico y empresas

La globalización ha cambiado sustancialmente el ambiente general económico y la manera en que las organizaciones hacen negocios, emplean recursos y llegan a los consumidores. Barham y Oates (1995) expresan que se está transformando inexorablemente el ambiente en que operan las empresas nacionales e internacionales, y Nelson (1990) agrega que -en los 25 años posteriores a la Segunda Guerra Mundial- Estados Unidos fue la nación más productiva del mundo desde todo punto de vista y líder tecnológico, existiendo dos características básicas que explican este hecho:

a) El liderazgo americano de la producción en masa, mantenido durante mucho tiempo hasta después de Bretton Woods y convirtiendo al mundo en un gran mercado común.

b) El liderazgo en industrias de alta tecnología debido a las inversiones masivas en ciencia, tecnología, educación e Investigación y Desarrollo (ID), que empalideció cuando otros países comenzaron a igualar las inversiones americanas.

Gowen III y Pecenka (2002) complementan lo anterior sosteniendo que -en los años 90- las estrategias de liderazgo tecnológico han asumido un rol preeminente en la competitividad global. Por ejemplo, la participación de Estados Unidos en el intercambio de manufacturas ha caído aprox. un 50% en las últimas dos décadas, mientras que la japonesa ha avanzado de 9% a 14%, y esto debido a que -desde 1985 y para sustentar este crecimiento- Japón ha impulsado el desarrollo de 19 ciudades nuevas dedicadas a la innovación corporativa en alta tecnología. De ahí, que las corporaciones japonesas hayan –incrementalmente- dominado sistemas de producción superiores, marketing, recursos humanos y estrategias financieras, aunque también fueron sostenidas por el gobierno y una inteligencia de marketing global. Consecuentemente, los autores entienden que las corporaciones americanas deben revitalizar esfuerzos estratégicos selectivos para recapturar la competitividad global en diferentes niveles del liderazgo tecnológico.

Se ha recorrido un largo camino desde un inicio de competencia en aldeas, pasando por una creciente internacionalización hasta llegar, por último, a un mundo interconectado, interdependiente, volátil e incierto signado por la globalización; un mundo en el que los competidores no son fácilmente identificables y/o se encuentran bajo las normas protectivas de sus países de origen.

A continuación, se mencionan factores que distinguen al proceso de la globalización en este ámbito y que representan una síntesis de las ideas vertidas por Sassen (2007), Ianni (1996), Beck (1998), entre otros autores.

Se observa que -a partir de la Segunda Guerra Mundial- la preocupación por el conocimiento de las realidades pasa por un empeño cada vez más internacional, mundial y abarcador. El concepto de "economía-mundo" o "sistema-mundo" de Wallerstein (2006) construye una historia en base a sucesivos sistemas económicos mundiales que trascienden la localidad y la provincia, el feudo y la ciudad. El mercado es todo el universo y provoca tensiones ya que cada grupo persigue su propio beneficio.

El neoliberalismo entra en escena y se emparenta con la globalización y el nuevo entorno tecnológico. La caída de la economía soviética sugiere un vacío político que el neoliberalismo ocupa. Beck (2005) –crítico de la ideología neoliberal en relación al mercado mundial- sugiere que ésta propone un pensamiento único lineal, unidimensionalidad económica y autoritarismo político.

La lógica económica se desploma a partir de temas tales como la reducción de las barreras arancelarias; la creciente integración de las economías nacionales a los mercados globales; el armado de grandes zonas integradas de comercio; la creación de grandes corporaciones con fusión de empresas, y la consecuente economía de escala con estandarización de productos y servicios. Se observa otra lógica que abre nuevas problemáticas y enfoques.

En cierto modo y para determinar sus valores y modelos, la sociedad ha quedado supeditada al mercado comercial. La globalización económica ha borrado los límites de los mercados y lo que parecía distante, hoy se ubica en la palma de una mano. Así, la revolución informática rompe las barreras idiomáticas y el aislamiento.

Muchos autores están convencidos que el libre comercio puede ser suficiente para ordenar a las naciones en el ámbito global, aunque existen otros que descreen de este poder único de regulación de los mercados y confían que resulta necesario un marco institucional que lo contenga. La lucha se plantea en la determinación de los límites del marco regulatorio y en los alcances de las injerencias institucionales en la vida privada de los individuos y de las empresas.

Se observa que el poder pasa del ciudadano al inversor y la racionalidad instrumental desplaza a la razón universal. El capital se internacionaliza y pierde su nacionalidad, viniendo aparejados "procesos de concentración y centralización del capital, y se articulan empresas y mercados, fuerzas productivas y centros decisorios, alianzas estratégicas y planificación de corporaciones, configurándose un nuevo mapa productivo mundial. Se abren las puertas del reino de la racionalidad instrumental por el que la razón universal se rebaja a una mera racionalidad funcional al servicio del dinero" (Ianni, 1996, pp. 80-81). Stiglitz[6] ofrece un claro ejemplo de este excesivo culto al dinero y a lo instrumental cuando cuestiona la ayuda económica que el Estado americano ha dado al sistema financiero, con los temas éticos derivados por ayudar a aquellos que han ocasionado la crisis.

La globalización hace que el dinero, el poder y las ganancias no se repartan equilibradamente entre las regiones/países y en el interior de los mismos, advirtiéndose severos procesos de fragmentación y polarización. En este contexto, los ricos incrementan sus ganancias gracias a las tecnologías de punta, que son utilizadas para desplazar grandes sumas de dinero a distintas partes del mundo y manejar mayores niveles de eficiencia. Así, y de acuerdo con Rilova Salazar (s/f), la globalización presenta una paradoja: beneficia mucho a muy pocos, excluyendo o marginando a dos tercios de la población mundial. Para el autor, la globalización implica la redistribución de privilegios y despojos, riqueza y pobreza, recursos y desposesión, poder e impotencia, libertad y restricción. De este modo, el mercado pone en contacto socios que no se encuentran en pie de igualdad, con países emergentes que participan muy poco de la riqueza mundial[7], abarcando un gran porcentaje de la población mundial.

Para profundizar aún más las diferencias, existen actividades que son mucho más rentables que otras -aunque necesarias para que las primeras puedan operar- y factores -como los inmigrantes- que son desvalorizados. Sassen (2007) indica que los servicios especializados -los financieros en especial- imponen su abundante rentabilidad sobre otros componentes de la economía, tales los casos de la producción industrial y los servicios de menor valor agregado. Todo esto gracias al desarrollo de nuevas tecnologías que dan lugar a la híper-movilidad del capital, la desregulación de los mercados y las innovaciones financieras. Especialmente en las ciudades globales[8], los empleos se recomponen, generando una gran oferta de trabajadores mal remunerados que sacian sus necesidades de consumo gracias a empresas que producen sin respetar las normas básicas de salubridad y seguridad laboral. Se caen -de este modo- los marcos seguros o perdurables en las relaciones laborales y los trabajos se pierden con extrema facilidad. Las desigualdades en la rentabilidad de las empresas y en los trabajadores crean un mapa de inseguridad que se traslada a la actividad de cada día. Para muchos, la remuneración pierde el sentido ante la necesidad del trabajo, dando paso a situaciones angustiantes y de informalización creciente.

Toda esta temática nos lleva a preguntarnos sobre los límites del Estado asistencial y la financiación de los negocios. Beck (1998) y Sassen (2007) instalan una discusión más que significativa y de actualidad ante la crisis financiera mundial que estamos viviendo, preguntándose quién financia qué negocios y cuáles son los límites del Estado asistencial y la democracia. Observan que el Estado nacional basa su poder en el apego a un territorio, mientras que la globalización hace que la producción y las personas se vuelvan móviles. A su vez, unos pocos ricos son cortejados por los diversos Estados, incrementándose los niveles de conflictividad.

Parece paradójico que los supuestos perdedores de la globalización -o sea, el Estado asistencial y la democracia en funciones- tengan que financiar a quienes consiguen ganancias astronómicas. Como ejemplo de esta situación, Beck (1998) observa que los directivos de las multinacionales relocalizan negocios en los lugares más apropiados para la empresa, pero envían a sus hijos a cursar estudios superiores en universidades importantes europeas, que son subvencionadas con dinero público. Se puede llegar el momento que nadie financie a los Estados democráticos de Europa y, entonces, ¿dónde querrán vivir ellos?, se pregunta.

Recuerda que el Estado asistencial tiene que abonar prestaciones a un número creciente de personas y, al mismo tiempo, pierde el control de los impuestos ya que las empresas se financian gracias a la optimización de infraestructuras, con subvenciones, con minimización de impuestos y externalizando los costos del desempleo. Todo esto genera un círculo vicioso entre el Estado, los pobres y los ricos.

Asimismo, Sassen (2007) recalca que el Estado conserva su función de garante de los derechos del capital global, como la protección de la propiedad privada y la ejecución de los contratos -entre otras- porque no es víctima de la inserción de lo global en lo nacional, sino que participa de su implantación. También, observa el aumento del poder de los bancos centrales y de los Ministerios de Economía, al tiempo que se reduce, de manera considerable, el poder de las entidades estatales vinculadas con el sistema de bienestar social.

Quizá porque la situación es harto compleja es que muchos gobernantes no han mostrado aún una postura que permita entrever un camino claro. Seguramente, el mundo comercial continuará por su senda hasta que los Estados profundicen al respecto de los alcances de ciertas actividades y de sus intervenciones, y las regulen apropiadamente.

La economía global y el sector informático ayudan a operar sobre la distribución de recursos. Se genera una geografía central (la que recibe las inversiones) y una marginal (la que no las recibe); una, con gran acumulación de poder y otra, con una gran decadencia. Asimismo, se marcan diferencias entre los trabajadores altamente calificados e internacionalizados con altos ingresos y aquellos que corresponden a los semi o no calificados que ven cómo sus salarios se desploman.

Además -debido al creciente interés por lo internacional y mundial- los sistemas económicos trascienden la localidad. La información no está sujeta a temas de espacio y tiempo por lo que el capital se distribuye, articulándose empresas y mercados que configuran una nueva configuración productiva mundial. Así, aparecen regiones que pueden presentar mayor atractivo que otras para el establecimiento de determinadas actividades (por ejemplo, el Silicon Valley y algunas regiones italianas, alemanas o inglesas) o grupos de países (como el caso de los denominados BRIC, por Brasil, Rusia, India y China). De este modo, las empresas transnacionales se desarrollan más allá de las fronteras geográficas y políticas, independientemente de los regímenes políticos y de las culturas nacionales, enfrentando nuevos desafíos. La internacionalización del capital y la interdependencia de las naciones se imponen por su peso. Cantwell y Piscitello (2002) examinan qué tan atractivas son las regiones italianas, alemanas e inglesas para el establecimiento de corporaciones tecnológicas extranjeras, resaltando la importancia del conocimiento y de la especialización local. Concluyen que ya no existen las islas y que ninguna empresa, región o país puede abstraerse de la dimensión global.

Como resultado, la sociedad ha quedado supeditada al mercado comercial para determinar los valores, modelos y ética, los que deben redefinirse constantemente. Se producen localizaciones y relocalizaciones en modo global, más que internacional o multinacional. Se piensa y actúa local y globalmente, aunque resulta muy dificultoso no perder el marco de referencia. En este sentido, Beck (1998) indica que la globalización cuestiona la lógica de Adam Smith relativa al "nacionalismo metodológico", entendido como que el contorno de la sociedad se considera, en su mayor parte, coincidente con el Estado nacional. La globalidad rompe la unidad del Estado nacional y de la sociedad nacional. Es por ello, que propone a la globalización como deslocalización y relocalización a la vez.

Para Sassen (2007) la globalización tiene su propia geografía -no abarca todo el planeta y es cambiante- estando conformada por lugares estratégicos, tales como las zonas francas de exportación, los centros bancarios offshore y -a nivel aún más complejo- las ciudades globales. Su modo más actual lo ha logrado con la incorporación del espacio digital.

Es por eso que la actuación a nivel local es importante, pero sin perder el marco de referencia de lo que acontece a nivel global, anticipando y reaccionando en función de tal marco. Así, lo global y lo local no se excluyen, sino que se complementan. Es por eso que García Canclini (1995) visualiza a la globalización como "glocalización" y Beck (1998) utiliza la frase "piense localmente y actúe globalmente"[9] como modo de plantearla en dos vías de interacción: una, en la que la globalización cambia la importancia de la relación con lo local y, la otra, en que también modifica la relación de las personas con lo local.

Sassen (2007) precisa que la globalización económica también debe entenderse en términos de sus múltiples localizaciones y la ciudad global[10] puede concebirse como una instancia estratégica de tales localizaciones. La "fábrica global" de Ianni (1996, pp. 6) surge gracias a que el capitalismo se transforma cuantitativa y cualitativamente más allá de las fronteras haciendo que "toda economía nacional -sea cual sea- se vuelva provincia de la economía global…el modo capitalista de producción entra en una época global, y no internacional o multinacional…La globalización avanza con sus contradicciones y subsume, real o formalmente a otras formas de producción, abarcando no solo el ámbito productivo material, sino –también- el espiritual…la "fábrica global" deja de ser una metáfora para convertirse en una realidad".

En este ambiente, las pequeñas y medianas empresas (PYMES) son clave en el nuevo entramado productivo mundial. Knight (2000) sugiere que aparecen con una gran vocación por el entrepreneurship, la estrategia, el marketing y el desempeño efectivo en los mercados, y proveen de empleo y crecimiento futuro en muchos países del mundo. Al ser comparadas con las grandes multinacionales, su limitación son las capacidades y recursos, y concluye que –a las PYME- les resulta mucho más oneroso operar en mercados globales. Podemos agregar que no todo es escasez. La limitación en capacidades, hace que su éxito dependa de la innovación y de la formulación e implementación estratégico-operativa, y los escasos recursos siempre pueden ser salvados a través de alianzas con socios válidos.

Se observa, además, que tiene lugar la especialización flexible y la fragmentación de los procesos productivos. Por un lado, Beck (1998) indica que -gracias a la tecnología, los procesos productivos pueden ser desarrollados y hasta controlados desde lugares distantes, articulando ventajas operativas y estratégicas de significación. Por el otro, se pueden exportar puestos de trabajo, repartirlos por todo el mundo, hacer acuerdos con Estados, y vivir y producir donde resulte menos gravoso. Como resultado, el capitalismo se queda sin trabajo y se exportan trabajos a lugares de costos más bajos, por ejemplo, Asia ó Europa oriental.

Según Ponce Segura (2003) la especialización flexible globaliza los mercados y la vinculación empresarial. Para el autor, estamos en presencia del final del mercado de bienes masivo, como también, del mercado de trabajo rígido y del sindicalismo fuerte, ya que se ha agotado el modelo de producción y consumo en masa proveniente de la era Fordista. Sugiere que los cambios consecuentes abarcan no sólo a las tecnologías duras –equipamiento- sino también a las blandas -organización y gestión- y que se asiste a un proceso de convergencia de estrategias entre grandes empresas y PYME, a través de redes de subcontratación flexible.

Por lo expuesto, resulta posible la "fábrica global" de Ianni gracias a una gran disponibilidad de mano de obra que, al fragmentar los procesos productivos, puede realizar -con menos calificación- tareas más simples y accesibles y, además -gracias a los métodos novedosos de transporte y comunicación- se pueden producir productos y servicios –en cualquier lugar del mundo- con ventajas en costos y eficiencia.

Se nota cierta coincidencia entre la postura de Ponce Segura y Ianni cuando éste último sugiere que la fragmentación productiva –con tercerización a empresas satélites- es utilizada como una manera de crecer en forma diversificada, reduciendo y limitando la posibilidad de conflictos y riesgos en las grandes fábricas[11], por lo que -ayudado por el ritmo intenso en la relación entre innovación, comunicación y tecnología- se logran reducir los tiempos que permiten poner un producto en el mercado.

La globalización abarca también a los procesos. Bernard y Rajagopal (1993) entienden que la caída de las barreras enfatiza la necesidad de las compañías de competir eficazmente en los mercados abiertos, no solo por los negocios, sino también, por los suministros y los proveedores. De aquí, que procesos como compras globales, marketing, investigación y desarrollo, y administración -cuentas a pagar, contabilidad o finanzas- sean típicos puntos de contacto entre organizaciones de diferentes países/regiones y los participantes en su cadena de valor. Lyne (1997) sugiere una diferencia entre las empresas grandes (que pueden elegir modelos de servicios compartidos como estrategia global) y las más pequeñas (que necesitan otras opciones).

Estos procesos pueden ayudar, también, a que las innovaciones sean puestas velozmente en producción, lo que ha sido factible a partir de la "Tercera revolución tecnológica e industrial" que – iniciada en los años 70- tuvo sus bases en la electrónica, la informática, la robótica, los nuevos materiales, la genética y la biotecnología. Para Ianni (1996) la tecnología informática, las economías de escala y la logística de primer nivel imponen un acento especial en la dinámica de crecimiento y su velocidad.

Por otro lado, no solo las empresas, sino también los países deben especializarse. Archibugi y Pianta (1992) ven que sólo los grandes países pueden extender sus actividades a través de la mayoría de las áreas tecnológicas, mientras que los países pequeños y medianos están forzados a especializarse en nichos más estrechos. Aunque esto no es tan así ya que, de acuerdo con diversos estudios consultados, India –por ejemplo- ya no se dedica solamente al outsourcing, sino que la globalización y la economía del negocio de tecnología (IT) lo están llevando al diseño regional y a ser un polo de desarrollo, realizando negocios con vecinos tan diversos y dispares como China, Egipto, Pakistán, Australia y Dubái, u otros como África del Norte, Medio Oriente y los estados del Golfo. Muy probablemente, este nuevo eje geo-tecnológico está destinado a tener un impacto profundo en el balance industrial de poder de Oeste a Este. De esta manera y gracias a la globalización, nuevos países y empresas, pueden hacerse de nuevas riquezas, provocando cambios que exceden toda imaginación.

En este orden de ideas, todo parece posible: que los espacios electrónicos se combinen con los no electrónicos, fragmentando la cadena económica y llevando el trabajo de la fábrica —modelo Fordista- a la comunidad y al hogar; que la sociedad se segmente a nivel social, de ingresos y —tantas veces- por la etnia o lo racial, ofreciendo servicios a las distintas realidades económicas; o que las mujeres y los inmigrantes -que no representan la economía global- ocupen muchos empleos manuales y de baja remuneración necesarios para otros servicios altamente especializados (Sassen, 2007).

Definitivamente, la digitalización representa una gran ayuda transformadora para los mercados, por lo que el liderazgo tecnológico es el objetivo a alcanzar para aquellas organizaciones que pretendan competir en este mundo globalizado. Seguramente su costo -cada vez menor- ayudará en este cometido, sugiriéndose que las políticas de los gobiernos y las estrategias corporativas incluyan este punto en sus agendas a efectos de obtener nuevos estadios competitivos (Sassen, 2007).

A su vez, la tecnología informática es una herramienta fundamental en la revolución del conocimiento y en la democratización de la información, multiplicando la capacidad del cerebro humano. Digitalizar las comunicaciones humanas ha implicado una revolución en la producción, en el almacenamiento y en el acceso a la información, corriéndose el peligro que -hasta la cultura y los valores humanos- puedan moldearse por medios electrónicos, en una pretensión a ser "empaquetados" por los formadores de opinión.

Todo es cambio, incertidumbre y volatilidad y –en este ambiente- la estrategia corporativa tradicional -impactada por temas organizacionales, tecnológicos y de mentalidad- también ha sido replanteada por la globalización. En relación con la mentalidad, Prahalad (2004) enfatiza las dificultades de escapar de la lógica dominante de una industria y de las influencias dadas por los éxitos pasados, a través de la cual son vistas las nuevas oportunidades. Dice que escapar a esta lógica dominante del mercado ayuda a prevenir el "no ver" los negocios planteados por los nuevos jugadores arribados. Asimismo, se pregunta en relación al énfasis que se le debe dar al benchmarking y a las mejores prácticas, que llevan a las empresas a confluir en un mismo modelo de mediocridad, debiéndose plantear -en cambio- el desarrollar estrategias mirando más allá de los límites de la industria y de la geografía para identificar "la próxima práctica", que muchas veces puede provenir del mundo en desarrollo. En el mismo sentido Day y Schoemaker (2004) han argumentado sobre la posibilidad de que las tendencias emergentes puedan ser identificadas poniendo el foco en la periferia. De ahí que Prahalad (2004) tema que las compañías occidentales puedan estar ciegas ante competidores de India o China.

Asimismo, deviene importante la estrategia de globalización que se adopte a efectos de demarcarnos de la competencia. Al respecto, Dossenbach (2002) destaca que la empresa debe analizar a sus competidores a los efectos de prosperar en los mercados globales. Así, global es planteado como el mundo entero -pero a partir de cada locación específica- y convertirse en jugador global no significa ser un gran productor, ya que una empresa podría direccionarse a nichos específicos o regiones donde pudiera ofrecer un valor distintivo. O sea, indica que no es requerimiento dirigirse a todo el mundo. Destaca la importancia de contar con un plan (que debe incluir opciones tales como exportar, importar o una combinación de ambas) y definir adecuadamente la estrategia de globalización (obtención de licencias, firmar joint ventures o realizar alianzas estratégicas).

El marketing global también se torna fundamental para captar las necesidades globales, los cambiantes gustos de los clientes, las diferencias culturales que afectan sus percepciones, y la construcción de satisfacción, confianza y compromiso de una manera global. Las expectativas y necesidades particulares a nivel local siguen siendo un punto importante a tener en cuenta al momento de diseñar campañas exitosas. Crosby y Johnson (2002) indagan al respecto de estrategias exitosas de marketing global y establecen que las diferencias culturales inducidas afectan las percepciones de los clientes, aunque sea muy dificultoso establecer homogeneidad cultural en modo global. Resaltan que el punto clave se refiere a temas relacionados con la estandarización y por cuánto tiempo puede ser sostenida a través de los países. En este orden de ideas, compartir ID, manufactura, nombre común, posicionamiento, empaque y publicidad puede provocar ahorros de mucha energía en la organización.

También, nos proponen observar ciertas realidades de la globalización. Sólo unos pocos sectores -como la electrónica de consumo- cuentan con un nivel de globalización exitoso, con productos y precios homogéneos. Para otros sectores, como los servicios y la manufactura, la regionalización es mucho más relevante que la globalización. Indican que se ha escuchado mucho sobre marcas globales, aunque solo unas pocas como Coca Cola, Sony y Microsoft son realmente globales. Apuntan que tampoco existe un automóvil o drogas farmacéuticas globales, y que la mayoría de las marcas son locales, algunas regionales y muy pocas, internacionales. En cuanto a la penetración de algunas marcas, indican el ejemplo de Nike que la logra a través de los deportes a nivel local.

De esta manera, el manejo de las marcas se convierte en un tema significativo. En términos prácticos, es la fuerza que haya tenido el mensaje para llegar a la mente del consumidor y significar la empresa, el producto y los valores asociados, aunque también, lo que representa quien utiliza ese producto y esa marca. Mercedes Benz produce autos elegantes, distinguidos, tecnológicos y -como contraparte- designa a quien los utiliza y las emociones asociadas al producto. Crosby y Johnson (2002) indican que el CEO de Starbucks Coffee -Howard Shultz- entendía que un café en Starbucks es una experiencia de café y un sentimiento cálido de personas que llegan a sus negocios. En este sentido, un café es mucho más que una taza de café, es una experiencia que querrá ser vivida nuevamente.

La imagen de marca puede ser, entonces, mucho más importante que el producto en sí, por lo que muchas empresas comenzaron a salirse de las operaciones de manufactura, ayudadas por el outsourcing (concepto que se hizo fuerte en los años 80). Así, Nike y Tommy Hilfiger no manufacturan más sus productos, sino que tratan con ideas. Los productos son confeccionados en una fábrica, aunque las marcas están hechas en la mente de las personas que las manejan e imponen. De este modo -en los años 90- muchas empresas cerraron sus establecimientos fabriles y se orientaron totalmente a la investigación, diseño de producto, marketing y desarrollo de marcas, tales los casos de Sara Lee, Adidas y Levi Strauss y se contrataron productores independientes que abrieron fábricas en países en desarrollo donde el trabajo era mucho más barato. Asimismo, los gobiernos en estos países, ávidos de dar trabajo a sus ciudadanos desocupados, se han movido activamente. Se establecieron zonas de libre comercio en Filipinas, Indonesia, Tailandia, China, México y en muchos otros países pobres donde no pagan derechos de importación o exportación y -por lo general- tampoco impuesto a las ganancias o a la propiedad. Por otro lado, tantas veces se pagan salarios que están debajo del mínimo de necesidad de un trabajador, escaseando los controles (polución, médicos y seguridad). De este modo, los costos de producción son los grandes beneficiados, aunque -por otro lado- se reinvierten grandes sumas de dinero en desarrollo de marcas por avisos en televisión y por figuras como Tigger Woods, Michael Jordan y Andre Agassi, que representan esas marcas. Los dueños de las marcas devienen en grandes ganadores.

A los efectos de alcanzar la globalización del marketing, Crosby y Johnson (2002) proponen que debemos comenzar con preguntarnos al respecto de los productos y la comercialización global, como también, sobre las relaciones con los clientes globales.

Para esto, Internet y otras soluciones tecnológicas hacen posible crear productos y servicios que abarcan a un gran número de clientes, y empresas -como Dell Computer, con un enfoque en la personalización en masa- acercan sus productos a muchas personas, a un precio aceptable y –prácticamente- en cualquier lugar.

Pero también, surge el cliente global -definido como aquel que cuenta con operaciones en distintos países- por lo que cómo manejarlos deviene un tema de alta sensibilidad. Crosby y Johnson (2002) indican que muchas empresas se están moviendo a sistemas de compras internacionales, coordinados o centralizados y esto implica coordinar los productos y servicios ofrecidos globalmente. En este contexto, se cambia el enfoque de productos a soluciones, lo que involucra la construcción de fuertes relaciones con clientes multinacionales a través de una gerencia global, que dirige equipos que coordinan los problemas y necesidades, el diseño, la facturación, los precios y hasta el envío de productos. Así, el cliente cuenta con un único punto focal de contacto que lleva adelante todos sus requerimientos a través de comunicaciones centralizadas.

A este punto, las diferencias culturales son un tema clave para crear relaciones duraderas con los clientes. A modo de ejemplo, los mencionados autores resaltan que tratar bien a un invitado especial en Japón es hacerlo sentir como en su casa, siendo simple y creando buenos sentimientos. Para ellos, este modo de actuar crea lealtad, se solucionan problemas y se evitan barreras para el entendimiento común de los distintos temas, por lo que contar con un enfoque similar en los negocios podría crear un mejor ámbito en las relaciones de los mercados globales.

Se acentúa, entonces, la necesidad de contar con un marketing internacional centrado en el cliente y en las adaptaciones locales que sean necesarias. Por ejemplo, algunos países como República Checa, Polonia, Hungría, Eslovaquia y Eslovenia -en camino de mayor estilo democrático y economía de mercado- están aún lejos de un PBI comparable con la media de la Unión Europea, por lo que se deberá considerar una estrategia global y financiera diferenciada, no solo por las condiciones de mercado, sino además, por las diferencias en los ingresos de las poblaciones y las distintas expectativas de los clientes (Schuh, 2000).

Aunque no todo es lucha o diferencia; la globalización puede ser una gran oportunidad de crecimiento si está bien direccionada. En este sentido, el socio general del Grupo Stihl -empresa alemana que introdujo la moto sierra en el año 1926- reconoce que "ser una empresa global nos salva, cuando en algunos países las ventas caen y en otros no". Además, comenta que el tipo de producto también tiene importancia ya que los productos que fabrica su firma -herramientas a motor manuales- presentan una menor sensibilidad a la crisis comparada con muchos otros rubros[12].

Conceptos como estandarización, homogenización y personalización en masa cobran forma en un contexto no uniforme y en constante redimensionamiento. Es por ello que –por lo expuesto en este acápite- podemos concluir que la estandarización de los mercados es más posible cuando:

- Las condiciones generales son similares entre el país de la casa matriz y los del exterior donde la firma opera.

- Existen grandes similitudes entre las categorías de los productos y el tipo de industria en los distintos países donde se desenvuelve.

- Pueden introducirse pequeñas adaptaciones locales a los procesos y sistemas.

De cualquier modo, el marketing debe seguir respondiendo el siguiente tipo de preguntas:

- ¿Cómo satisfacer al cliente y solucionar sus problemas?

- ¿Cómo crear confianza en el producto?

- ¿Cómo construir una marca que signifique algo preciso en la mente del cliente?

Los recursos humanos también se globalizan y presentan sus particularidades. Barham y Oates (1995) indican que las empresas están experimentando con nuevos sistemas y estructuras que rebasan las fronteras nacionales, por lo que la libre circulación de todo tipo de recursos se ha hecho necesaria, para conseguir la máxima ventaja competitiva. De esta manera, los empleados deben poder sobrevivir e incluso prosperar en ambientes inestables y complejos, resultando imprescindible un nuevo directivo internacional, el que según Calvert y Martínez Bernadette (2003) no puede continuar pensando doméstica o internacionalmente, siendo necesario un pensamiento y actuación global[13]. Es por eso que la globalización amplía los roles y funciones y requiere de otros entendimientos para el manejo efectivo de los negocios.

Sirkin, Hemerling y Bhattacharya (2008) indican que esta globalidad hará que la competencia sea entre todos y en todas partes y por todo - mercados, clientes, recursos, talento y capital intelectual. Las empresas deberán crecer de locales a globales, pero alentando y no acallando las diferencias locales. Prevén la necesidad de un estilo gerencial descentralizado y con nuevos puntos de vista a los efectos de provocar nuevas experiencias, conocimientos y mejores prácticas. Indican, también, que las empresas que desafían, encaran el mundo como una colección de regiones diversas, con liderazgos fuertes y autónomos. Por ende, entienden que se debe aprender y adaptarse sin generar caos, como también, innovar en nuevas estructuras de gobierno -de múltiples centros independientes de actividad- permitiendo potenciar la escala global.

A manera de resumen de muchos de los temas planteados, Cantwell y Piscitello (2002) apuntan que los retos de las empresas globales pasan por:

- Responder a una mayor competencia a través de modelos de negocios flexibles y con alto contenido de valor agregado.
- Coordinar y estructurar las actividades de modo que las empresas trabajen en conjunto temas como estrategia, innovación, productos, servicios y aprovisionamiento.
- Integrar-adquirir empresas internacionales con socios adecuados, por ejemplo, con alianzas estratégicas. Es, a partir de estos procesos, que las estructuras empresariales se tornan cambiantes.
- La gestión de los recursos humanos a nivel internacional con cultura compartida en todo el mundo.
- Promover directivos globales con amplia sensibilidad en temas tales como: estrategia, adaptabilidad a situaciones nuevas, sensibilidad a diversas culturas, capacidad para trabajar en equipos internacionales, dominio de idiomas, comprensión del marketing y finanzas internacionales, habilidad para relacionarse y negociaciones

internacionales, personalidad franca exenta de prejuicios y sentido de sus propias raíces culturales.

En este contexto, replicar patrones y vivir de los logros pasados impiden destinar los esfuerzos necesarios para activar los mecanismos del futuro, haciendo todo muy tedioso y previsible. El único modo de tender los puentes hacia el futuro es olvidar lo que cada individuo o empresa fue o ha hecho y buscar -fuera de los límites de la industria- transformar en oportunidades las alternativas del mañana. Las organizaciones y los individuos que sobrevivirán a la era de la globalización serán aquellos que carezcan de pasado y que encuentren al futuro en este preciso presente. En esta tarea, la gerencia cuenta con una gran responsabilidad; en sus manos están muchas organizaciones compuestas por tantas familias e individuos.

Por todo lo expuesto al respecto del ambiente económico, la globalización ha cambiado sustancialmente la manera en que las empresas hacen sus negocios y emplean sus recursos. Las prácticas de negocios están cambiando tan rápido como la tecnología, y gracias a ella, muchas empresas han podido relacionarse electrónicamente, más que por proximidad física. Todas estas estrategias y opciones tienen sus puntos fuertes y débiles, dependiendo de la calidad de los jugadores y de la excelencia en la ejecución que impriman a sus mercados.

Las organizaciones requieren de una agenda estratégica, la que debería incluir aspectos tales como:

- Si deben ser o no generados negocios internacionales.
- Los mercados y estrategias que deben considerarse.
- El diseño del Programa Global de Marketing, el que incluya el conocimiento necesario de los mercados a atacar y los sistemas de soporte.
- El manejo y desarrollo de los recursos humanos en el ambiente global.

Los individuos y las organizaciones ya no pueden vivir en contextos cerrados; la globalización nos afecta a todos, por lo que se presenta como urgente la redefinición de las distintas relaciones que surgen en este nuevo ambiente global económico y comprender los nuevos términos que plantea el liderazgo (personal, tecnológico, etc.).

Devenir en jugador global no está ligado al tamaño de la empresa o a los recursos que se posean; sí al conocimiento, al posicionamiento competitivo y a los recursos a los que puedan accederse (a través de alianzas estratégicas, por ejemplo).

A modo de resumen de lo planteado, se muestra a continuación un cuadro con los principales conceptos aludidos en este acápite:

Cuadro 3 - Ambiente Económico

- Interés por lo internacional y mundial.
- El neoliberalismo entra en escena y el poder pasa del ciudadano al inversor.
- Una cierta lógica se desploma.
- Valores y modelos en manos de lo comercial.
- La racionalidad instrumental desplaza a la razón universal.
- Vivir cerrados ya no es aplicable.
- Las transnacionales se desarrollan más allá de las fronteras geográficas y políticas.
- Global, glocalización y localizaciones múltiples.
- El surgimiento de las PYMES.
- Los desequilibrios y despojos se han instalado a todo nivel.
- Los límites del Estado asistencial y la financiación de los negocios.
- Trabajo, especialización flexible y fragmentación de los procesos productivos.
- Internet democratiza la información poniéndola al alcance de todos. Los espacios electrónicos se combinan con los no electrónicos.
- Innovación, comunicación y tecnología. Se innova en procesos.
- La estrategia y el marketing global.
- El desafío gerencial y en recursos humanos.

Fuente: Propia

1.4 Estado – Nación y Poder

Las instituciones políticas y las corporativas se desempeñan en nuevos ámbitos, donde los roles se muestran difusos e imprecisos. De ahí que -el último aspecto a analizar- sea el que se refiere al Estado-nación y el poder.

Los principales rasgos que caracterizan esta problemática, y que surgen de autores como Beck (1998) y Sassen (2007), se detallan a continuación.

Beck apunta que se diluyen las fronteras y las diferencias entre los Estados nacionales, y que -este escenario- impone una nueva mirada cosmopolita. Estamos enfrentados a la polivalencia, la ambigüedad y a una nueva dimensionalidad, no solo al respecto de la globalización, sino también, de cómo se la puede articular políticamente. Entiende a la globalización como Estados nacionales soberanos que se entrelazan con actores mundiales de diversa índole, tal el caso de las instituciones industriales que se abren a la configuración y discursos políticos. De este modo, se presenta como un reto conjugar políticamente los efectos de la globalización al abrirse las fronteras y observarse diferencias entre Estados nacionales. Todos salen de su encierro y quedan al descubierto, hasta el Estado asistencial y los sindicatos, por lo que para algunos estamos en presencia del fin del Estado nacional, y -para otros- debe tomar nuevas formas. Es por estas razones que puede ser observada como un proceso que cuestiona la identidad del Estado nacional, lo que implica encuadrarla en las siguientes dos variables: una, referida a la actividad económica y, la otra, a la toma de decisiones políticas, que comprenden acciones jurídicas y normativas. Coincide parcialmente Sassen (2007; 11-12) cuando abarca en lo global a "una institución, un proceso, una práctica discursiva o un imaginario que trasciende el marco exclusivo del Estado-nación y al mismo tiempo habita –parcialmente- los territorios de las instituciones nacionales".

Esta falta de límites precisos se complementa con la transferencia del poder decisorio desde las instituciones a las corporaciones y financieras mundiales, configurando nuevos entramados de redes, comprometiendo principios de soberanía y satisfaciendo los intereses de los inversionistas privados globalizados. Lo difícil es mantener la participación estatal en la actividad privada con un rol fiscalizador y activador de políticas y estrategias que coadyuven al desenvolvimiento de las actividades claves de cada región/país. En este sentido, Beck observa que el Estado transnacional se presenta como rival de las corporaciones transnacionales, y el contenedor social que representó el Estado-nación y el territorio nacional se pierde y se diluye, desarticulando los procesos conocidos y generando la necesidad de nuevas negociaciones entre los distintos poderes. El Estado asistencial y el poder de los sindicatos no escapan a esta realidad de disolución en la globalización, por lo que todo este proceso es visto por Beck como una amenaza a la identidad de los intereses nacionales.

Asimismo, existen nuevos poderes que entran en escena y reconfiguran el mapa político. Aparecen nuevas instituciones, algunas globales como la Organización Mundial del Comercio y otras de carácter local, como por ejemplo las que cuidan o defienden el medio ambiente. Es por ello, Beck (1998) y Sassen (2007) coinciden cuando sugieren la existencia de nuevos actores de la sociedad civil que influyen en base a poderes especiales con múltiples recursos. De allí que surgen denuncias en abusos del capital y del Estado en temáticas relativas a los derechos humanos y medio ambiente o, también, acciones en defensa de los consumidores de parte de organizaciones como Amnesty Internacional, Greenpeace y Attac, entre otras.

La globalización es una ausencia de un Estado mundial, o una sociedad mundial sin Estado mundial ni gobierno mundial. Asistimos a la "defunción del capitalismo globalmente desorganizado, donde no existe ningún poder hegemónico ni ningún régimen internacional" (Beck, 1998; 86).

También, la globalización es sinónimo de desnacionalización o erosión, pero también, posible transformación del Estado nacional en un Estado transnacional. Por un lado, el Estado-nación no se presenta como una unidad exclusiva de interacción social y de comunicación ya que existe una gran interconexión entre los asuntos económicos y políticos. Por el otro, el Estado mundial está ausente; la sociedad mundial existe sin Estado mundial y sin Gobierno mundial. Beck propone al Estado transnacional (como un no-Estado nacional o territorial) ya que lo entiende como la transformación de lo local en global y de lo global en glocal. El Estado transnacional hace hincapié en el reconocimiento de la sociedad mundial y de su dinámica, en la colaboración transnacional, en ser provincias de la sociedad mundial, en la multiplicidad, en la centralización y en la descentralización. Es un rival de las corporaciones transnacionales en una soberanía inclusiva. Lo ve, además, como nuevo medievalismo ya que comparte lealtades con súbditos, autoridades regionales y sociedad mundial. De esta manera para algunos, el fin del Estado nacional está cerca, aunque para otros, debe tomar -como se ha dicho previamente- nueva fisonomía.

Sassen[14] presenta coincidencias con Beck al afirmar que "lo global trasciende el marco exclusivo del Estado-nación, canonizado por la ciencia política, y al mismo tiempo habita parcialmente los territorios y las instituciones nacionales...la participación estatal tiene un resultado paradójico ya que cuando el Estado se incorpora al proyecto global, pierde capacidad de intervención en la regulación de las transacciones económicas en su territorio y en sus fronteras, desnacionaliza o privatiza su autoridad. Pero no es un juego de suma cero, donde lo nacional y lo global se excluyen mutuamente por incompatibilidad de caracteres, ni mucho menos una lenta agonía de los Estados...el Estado se globaliza y –especialmente- el Poder Ejecutivo; pero, la Legislatura se domestica". Por ejemplo, el FMI o la OMC sólo quieren manejarse directamente con el Poder Ejecutivo, no admiten otros interlocutores. Se verifica que más poderosos se vuelven estos organismos, mayor será el alineamiento del Poder Ejecutivo con los actores globales. Es por ello, que aparece una tensión creciente entre la globalización del Ejecutivo –más allá de los discursos nacionalistas que circulen– y el hecho de que el Legislativo se queda atrás, perdiendo funciones y capacidad para controlar al Ejecutivo. Sassen indica que la globalidad no necesariamente va a desaparecer, pero "creo que el espacio interior de un país se está volviendo más estratégico, por eso me obsesiona la pérdida de poder del Legislativo y que el Ejecutivo tome decisiones a puertas cerradas"[15]. Es por esto que "la globalización afecta la calidad democrática... ya que como el Poder Ejecutivo gana poder y se vuelve más privado -porque se alinea más con intereses privados- generando un déficit democrático al interior del Estado. Creo que es importante reconocer que el Ejecutivo gana poder en ciertos términos. Lo gana en relación con el Legislativo y con el poder de los ciudadanos".

Es por ello que Ianni (1996) puntualiza una decadencia importante en el Estado nacional, aunque Beck[16], mucho más positivo y tal lo expresado, vislumbra una alternativa en el Estado transnacional.

Complementando este aspecto Sassen observa que la pérdida de poder del Legislativo y la ganancia del Ejecutivo, cae en desmedro de los inmigrantes globalizados a través de las leyes nacionales. "Siempre digo que al final es el cuerpo del inmigrante el que se vuelve portador de la violación de la ley y de la fuerza de la ley. Cuando un jefe de una corporación hace algo mal o se equivoca, a menudo hay una mediación. En cambio el inmigrante no tiene ningún tipo de mediación; entre él y la ley no hay nada"[17].

Entiende que la vulnerabilidad de los inmigrantes deviene de un Estado neoliberal que quita derechos sociales, aunque los transnacionalismos profesionales representan a una clase de emigrantes con derechos (porque son privilegiados que tienen la oportunidad de acceder a ciertos contactos para emigrar). Concluye que la dinámica global a la que se adscriben ciertos Estados -incluyendo a sus ciudadanos y a los inmigrantes vulnerables- hace que se horizontalice el conflicto en las ciudades globales y se materialicen las contradicciones de la globalización económica. Por todas estas asimetrías, se propone propiciar una política de reforzamiento del individuo como portador de derechos y que el enfrentamiento entre ciudadanos versus inmigrantes sea desplazado a temáticas más amplias.

De lo expuesto surge que los actores políticos deben aprender a organizarse de nuevos modos e identificarse con temas transnacionales que construyan nuevos espacios más allá de los confines de su territorio. Deben intentarse nuevas formas de cooperación entre los Estados y los diferentes actores –que incluyan a las sociedades civiles- conformando una visión del mundo globalizado y localizado al mismo tiempo. Es por ello, que Beck propone el término "soberanía incluyente, como modo de significar un nuevo espacio de relaciones nacionales y transnacionales en un mundo globalizado y localizado a la vez"[18]. Observa que la gran distinción entre soberanía y autonomía en un mundo interconectado es que en la primera muchos problemas no implican soluciones nacionales solamente (ejemplos: problemas migratorios o de medio ambiente). De esta manera, la política cuenta con el gran desafío de buscar nuevas significaciones y contenidos.

De ahí que Ianni (1996) vea a la economía-mundo como un todo en movimiento, heterogéneo, integrado, tenso y antagónico. Describe ciclos geo-históricos -más o menos largos- donde se desarrollaron los distintos procesos, con su propia dinámica y sucediendo distintas economías-mundo que dieron lugar a nuevas realidades que parecían irrelevantes u olvidadas, con países centrales y periféricos que constituyen nuevos espacios de relación.

Vasconi (1991) distingue la existencia de países centrales y periféricos y toda una lucha por no desaparecer y por constituir "planetas autónomos". Identifica algo así como el "estallido de una supernova", entendido como un gran estallido que conforma subsistemas menores, con una conformación de redes en la que se integran selectivamente países y otros son expulsados, condenando a muchos de ellos a una marginalidad creciente. Las verdades y las precisiones en estos temas resultan dudosas. Seguramente, el devenir histórico se convertirá en el registro de los acontecimientos de un cambio que puede marcar una nueva época en la epopeya de las civilizaciones.

A su vez, resulta impostergable la necesidad de ampliar la comprensión de los procesos que estamos presenciando a través de una mayor apertura mental, haciendo que los factores de poder tengan los pies en la tierra, evitando la metáfora, las fantasías y las utopías. Ianni (1996, pp. 11) lo expresa claramente cuando dice que "de metáfora en metáfora se llega a la fantasía, que ayuda a volver a encantar al mundo para producir la utopía…la utopía y la nostalgia florecen en las épocas en que se acentúan los ritmos de transformaciones sociales…son épocas en que los desencuentros entre lo contemporáneo y lo no contemporáneo se acentúan, se profundizan". Observación, profundidad y realidad son imprescindibles para no perder la perspectiva, en un mundo que pierde sus límites velozmente.

Ante esta circunstancia, Beck (1998) no deja de lado la cultura del Estado-nación e insiste en que su fuerza está dada en las posibilidades de abrirse y ser incluyente. Así, hay temas que superan claramente el ámbito e influencia de un país, tales los casos del cambio climático, el estado benefactor que requiere de la cooperación de otros Estados o el caso de Alemania que coopera con la Unión Europea sin poner fin a la soberanía del Estado individual. De ahí, que las respuestas políticas que sugiere a la globalidad pasan por la cooperación internacional; por el estado transnacional; por la participación en el capital; por la reorientación de la política educativa; por la alianza para el trabajo ciudadano; por la fijación de nuevos objetivos, culturales, económicos y políticos; por culturas experimentales; por mercados de nicho; y por el auto reconocimiento social y los pactos sociales frente a la exclusión, entre otras.

Algunos especialistas ven a la globalización como el nuevo nombre del imperialismo y entienden que el Estado-nación podría quedar inerme ante el escenario mundial planteado. Para muchos, se impone una delimitación de nuevos espacios en la gobernabilidad que abarquen desde el supranacional hasta el local. Daniel Bell[19] -sociólogo americano- precisa el tema cuando dice que "la nación se hace no sólo demasiado pequeña para solucionar los grandes problemas, sino también demasiado grande para solucionar los pequeños".

Así, es probable que hasta los alcances de la democracia deban ser revisados, ya que fue pensada para administrar el designio de sociedades pequeñas y no de millones de habitantes. La necesidad de participación a otro nivel y el imperio de una opinión pública –muy actualizada en temas de derechos de las personas y de derecho ambiental- dan cuenta que no se puede vivir en compartimientos rígidos ni estancos. Todo se torna más fluido en un mundo que no respeta fronteras ni escalas nacionales y que enfatiza la cooperación, poniendo de manifiesto temas tales como narcotráfico, migración y valores. Se presentan desafíos ligados a la búsqueda de nuevas significaciones y contenidos, y de políticas educativas adaptadas a un contexto que cambia velozmente.

En términos de nuevas significaciones y contenidos se observa que la globalización cuenta con una gran volatilidad ya que en los últimos años se han presenciado fenómenos interesantes en cuanto a su concepción originaria. Por un lado, son mayores las presiones para construir una nueva gobernabilidad (en Europa, esto es claro con la hegemonía alemana, que acota radicalmente las capacidades de los Estados nacionales, pero que, paradójicamente, introduce de nuevo en escena al Estado nacional como eje de preocupación). Por otro lado, se verifican crecientes presiones proteccionistas, con una profundización de reivindicaciones nacionales en Europa, China, India, América Latina, entre otras, que hacen que las convergencias no tengan la fuerza que en algún momento tuvieron.

La agenda mundial requiere la incorporación de estas problemáticas a efectos de responder a las nuevas necesidades de nuestra sociedad, donde la búsqueda del equilibrio apropiado entre gobierno, economía y sociedad civil, encuentren su justo término. La exclusión de alguno, en beneficio de otros, condena a la democracia y a la gobernabilidad.

El siguiente cuadro muestra un resumen de las principales temáticas planteadas en el presente acápite:

Cuadro 4 - Estado-Nación y Poderes

- Ambigüedad, polivalencia y una nueva dimensionalidad.
- Nuevos poderes en escena.
- Un cambio en la identidad del Estado nacional.
- Nueva relación entre los poderes del Estado nacional; el Ejecutivo gana poder y se afecta la calidad democrática.
- Estado en decadencia y marginalidad creciente.
- Hay temas que superan la realidad de los países (transnacionales).
- Hasta los alcances de la democracia deberían revisarse.
- La globalización como concepto volátil.

Fuente: Propia

CAPÍTULO 2
LOS PODERES EN JUEGO

El proceso de globalización influye en dos grandes poderes:

a. El poder de los países/regiones y su estructura industrial, lo que incluye el manejo de influencias locales y de organizaciones internacionales y

b. El poder de las firmas/corporaciones.

Estos poderes se entrelazan en el armado del tejido de negocios y ayudan o no en su desarrollo. A continuación, se ofrece un mayor detalle sobre estas temáticas:

a. El Poder de los países/regiones y las influencias

Una de las funciones primordiales de los países/regiones se centra en la creación de condiciones para la atracción de capitales, brindando no solo más y mejor trabajo para sus ciudadanos, sino también, ayudándoles a elevar su estándar de vida. En este contexto, las influencias que se ejercen -a distintos niveles- cobran un papel preponderante en el diseño de políticas económicas, materializadas en subsidios; bajas de impuestos y salarios; austeridad fiscal y previsibilidad económica, entre otras.

La atracción de capitales depende de la infraestructura y del desarrollo tecnológico de los países/regiones. Farnsworth (2006) indica que el desarrollo tecnológico incrementa la competitividad de los distintos países y se pregunta hasta dónde -particularmente los países menos desarrollados- pueden mostrarse más y más atractivos para las inversiones. Su conclusión es que -en los países en vías de desarrollo- es donde se prevén las mayores posibilidades de incremento de negocios[20].

Asimismo, las asechanzas que presenta la globalización son muchas. En este sentido, Farnsworth (2006) entiende que la competencia impone -a los gobiernos- reducciones de impuestos y subsidios crecientes al negocio, en el mismo momento en que los salarios son forzados a la baja, por las potentes corporaciones. De esta manera, los gobiernos deben revisar sus políticas de promoción de inversiones, de impuestos y salarios y las condiciones de competitividad en general a efectos de lograr entornos más claros y predecibles. De aquí se desprende que -el equilibrio entre las distintas fuerzas que intervienen en los mercados- sea un objetivo crucial para dar un marco de protección a las condiciones generales de los negocios en cada país/región.

Ideas como la austeridad fiscal, privatizaciones y la liberalización de los mercados han devenido, también, en partes integrantes de los discursos políticos internacionales (Stiglitz citado por Farnsworth, 2006). Igualmente menciona algunas ideas que deben ser consideradas:

- La estabilización está en la agenda; la creación de fuentes de trabajo, no.

- Los impuestos y sus efectos adversos están en la agenda; pero, la reforma de la tierra, no.

- Hay dinero para ayudar a los bancos; pero, no para pagar una mejor educación y servicios de salud.

Para el autor, lo paradojal y hasta inexplicable es que se haya llegado a empujar a los Estados a la privatización de los servicios públicos; a la desregulación y flexibilidad del mercado del trabajo y, también, a la desregulación y apertura de los mercados industriales y financieros.

Por otro lado, las influencias ejercidas cobran un rol fundamental al momento de definir, llevar adelante, realizar, controlar y hasta revertir distinto tipo de actividades y negocios. Farnsworth (2006), detalla los grandes poderes que intervienen -en este sentido- en el mercado mundial:

- Las organizaciones internacionales gubernamentales, que -a través del lobby- fuerzan a los Estados a abrir más los mercados a competidores del exterior, sugiriendo no solo la reducción del gasto público y los impuestos, sino también, la privatización de los servicios públicos y la disminución de las regulaciones sobre el trabajo.

- El poder estructural, que actúa para revertir concesiones previas hechas al negocio. En este sentido, si el estado ha utilizado un esquema de bajos impuestos y gasto social, será muy dificultoso para gobiernos futuros volver sobre esas medidas sin damnificar las inversiones actuales y futuras.

- Las influencias/intereses en pugna, ya que existen evidencias que el negocio y la elite de los intereses dominantes tienen posiciones clave en los gobiernos y en el Estado o, también, pueden ejercer influencias a través de poderes financieros y lobistas.

A raíz de lo expuesto, desde la política pública los países deben abocarse a la promoción de la ganancia y la competitividad, entendida como educación, entrenamiento, transporte público, infraestructura, etc., y mejorar o discontinuar aquellos servicios que desmejoran o no promueven a los mercados privados. Wood (2003) observa –además- disparidades en el poder de las corporaciones y de los países de acuerdo al contexto y al momento que sea considerado, motivado principalmente en las distintas políticas de los gobiernos al respecto de las inversiones que permiten el desenvolvimiento y desarrollo del tejido social. Indica que Estados -como el de Taiwán- tienen más importancia que las corporaciones de su territorio, sin renunciar a temas de soberanía, y que el libre comercio parece ser un requisito imprescindible para la globalización, aunque las restricciones a las exportaciones e importaciones aún se dan en tantos países. Por otro lado, depender en demasía de las inversiones móviles hará aún más volátil cada economía y, será un indicador no solo del nivel de lucha entre los factores sociales, sino también, de cómo se han tomado las pasadas decisiones. El objetivo final debería centrarse en que la economía se transforme dependiendo menos del este tipo de capitales, de los bajos costos de mano de obra y de las regulaciones del Estado.

Asimismo, los negocios y las particularidades nacionales pueden llevar -a los países- a dificultades en la colaboración y el intercambio con las naciones más cercanas. Las propuestas pueden ser politizadas, aunque las relaciones a niveles más altos -por ejemplo, regionales- podrían asegurar otros modos de intercambio y control, donde se pueden diluir los excesivos personalismos políticos que se dan a niveles más cercanos.

Igualmente, todo esto no es fácil de lograr. Wood (2003) observa que se presenta como ilusoria la visión en bloques, ya que no todo bloque se comporta como tal. Cita el caso de la CE, creada para proponer una alternativa viable a Estados Unidos, Japón y otras potencias, en la que Inglaterra se comporta como un casi-europeo en muchas cosas y como un pro-americano en otras, con lo que muchos discursos políticos se vuelven vacíos, vagos e imprecisos ante el azoramiento de los miembros de los bloques y de las sociedades a las que representan. Concluye que no existe una uniforme cultura europea y lo mismo sucede con un modo de hacer homogéneo en los negocios. La teoría económica ve a los distintos participantes como unidades económicamente iguales en el camino a obtener los objetivos planteados, aunque las empresas difieren en su contenido y manejo, en sus estrategias y prácticas de gerenciamiento, en sus estilos para los negocios y rutinas.

Se desprende que la eficiencia de las economías de los países que acceden a un mercado común –tal el caso de la CE- resulta un punto crucial para mantener la estabilidad e integración. Las limitantes a esta integración son variadas e incluyen desde el mismo rol de los Estados hasta las tecnologías e inversiones existentes, como también, a una nueva lógica de intercambio e internacionalización basada en la innovación. La gran tarea a la que deben abocarse los distintos bloques económicos es la de integrar y hacer confluir –mediante un acuerdo político sobre-nacional- a las distintas economías y culturas. Otro de los temas en los que se deben centrar muchos esfuerzos es la tiranía espacial entendida como la comunicación electrónica y el transporte entre los territorios. Finalmente, una agenda centrada en valores debería ser instalada por sobre los fines más inmediatos de tantos países; el poder, el rango o las presiones no deberían ser parte de la misma. En esta agenda debería confluir la grandeza de cada país/región con el fin de buscar una vida más amable, equilibrada y previsible para una población mundial que merece otro lugar.

b. El Poder Corporativo

En un mundo donde la tecnología se ha convertido en cosa de todos los días y donde la moda o lo inmediato parecen guiar las elecciones de las personas, las corporaciones han decidido adoptar estrategias y políticas que beneficien a sus operaciones y creen las ventajas competitivas que necesitan.

Farnsworth (2006) explora el incremento del poder de las corporaciones en Gran Bretaña bajo la globalización y cómo ese poder se ha extendido, aunque no constantemente. Observa su variabilidad a lo largo del tiempo y compara las políticas de las distintas áreas, de acuerdo con las condiciones institucionales y económicas de cada una de ellas. Resalta lo expresado por Susan Strange[21] cuando recuerda que -en la globalización- las corporaciones han acumulado mayor autoridad política que los mismos políticos, y que pasa por ellas gran parte del juego político y económico. Esto ha llevado a privatizaciones y a una cierta dominación corporativa, por lo que entiende que estamos en presencia de una "corpocracia" que limita el comportamiento entre el ámbito de los negocios y el Estado. Cita como ejemplo la gran liviandad de controles que, desde los años 70, se ha instalado en el mercado de capitales.

Según diversos materiales consultados, existen muchos factores que hacen que las empresas presten mayor atención a los negocios internacionales, entre ellos:

- Mercados Regionales como el Europeo, NAFTA, MERCOSUR.

- Estímulos de los gobiernos.
- Fusiones/adquisiciones de empresas.
- Velocidad de los cambios de mercado.
- Competencia extranjera por saturación del mercado nacional.
- Aumento de la competencia interna.
- Cambios en la alta dirección.
- Utilización de excesos de capacidad.

El modo en que interactúan estos factores es un fiel reflejo de las condiciones que brindan los mercados, la manera en que se desenvuelven los negocios y las proyecciones a futuro que se ofrecen a las organizaciones que buscan nuevas oportunidades de negocios.

El límite entre las corporaciones, el Estado y las distintas instituciones, también, se ha vuelto impreciso; ya no existen elementos definitivos ni contundentes en favor de unos o en desmedro de otros. Cada situación presenta elementos típicos y característicos, y cada actor deberá entender su rol en un entorno de grandes transformaciones.

CAPÍTULO 3
LA ÉTICA Y LA MORAL

La globalización ha llegado hasta la ética y la moral, observándose cambios abruptos en la moralidad pública y privada. En algunos casos, el equilibrio parte de preceptos religiosos aunque, en otros, se observan grandes caminos por recorrer. Barrera Mores (2008) indica que los cambios en el contexto conllevan a otros en la ética, por lo que los cambios en la vida económica modifican la moralidad económica del público y les propone direcciones contradictorias. Por un lado, más obligaciones morales y, por el otro, un individualismo competitivo requerido por un mercado que no perdona y que enfrenta muchas dudas a la hora de actuar. Para el autor, el mercado -no los gobiernos ni otras bases- es quien determina la moralidad económica popular y reconfigura a cada persona, aunque la única que puede oficiar de contrapeso en esta situación es la Iglesia y la teología.

El cambio en la moralidad pública se produce constantemente en la medida que se enfrentan mutaciones socioeconómicas y de mercado cada vez más profundas. Así, vemos que se verifican cambios en las regulaciones y condiciones de trabajo, produciéndose desajustes que se mantienen entre los distintos países/regiones y que son aprovechados por los otros participantes en forma de ventajas competitivas.

Barrera Mores insiste en que la globalización se refiere a la integración de mercados nacionales y a la armonización de la ética de mercado en el mundo, sugiriendo una mayor responsabilidad ante los más necesitados. Es por ello, que deberán considerarse aspectos tales como:

- La velocidad del cambio y la adaptabilidad del ser humano. Esta velocidad nunca antes fue experimentada, aunque es una realidad gracias los avances tecnológicos y a la era digital. En nuestra sociedad, las distancias y las culturas se diluyen, el conocimiento aumenta y, por ende, también debería incrementarse la responsabilidad social para modificar acciones indeseadas y proveer de asistencia a los necesitados.

- Mayor responsabilidad debido a la mayor capacidad de generar excesos. Hemos tenido la capacidad de generar un mejor estándar de vida para muchos más; las personas cuentan con un mejor nivel de ingresos y un nivel más alto de educación; viven mucho más y pueden hacer muchas más cosas. El costo de oportunidad del tiempo de cada uno se incrementa porque se tienen muchas más elecciones posibles; esta libertad permite la disponibilidad de mayores excesos para invertir y para dar. Asimismo, el saber las cosas que suceden en tiempo real, nos brinda menores excusas ante la imprescindible necesidad de ayudar a otros y de equilibrar los términos del intercambio.

- Expansión de los negocios ya que -cada vez más- los países se encuentran incluidos en el concierto mundial de intercambio con una simple comunicación telefónica o el clic de un mouse. Así, el intercambio de productos y/o servicios provoca transferencias de ganancias de una sociedad a otra.

Así, motivado en una mayor intensidad competitiva a lo largo de toda la economía, los puestos de trabajo se tercerizan, resulta imprescindible la adquisición de nuevas habilidades, las empresas buscan la reducción de sus costos como modo de mantener su participación de mercado, y los gobiernos y municipios seducen constantemente a inversionistas para que creen nuevas fuentes de trabajo. Esta problemática se visualiza en que "solo el 20% de los líderes del mercado de 1985 todavía están en esa posición en 1995. Sólo una de cada cuatro de las empresas listadas en Fortune 500 sobrevivieron entre 1980 y 1995, el resto fueron absorbidas en fusiones y adquisiciones"[22]. La publicación completa que "los países y regiones no han podido escapar a esta lógica de mercado: Japón ha cambiado su política de "empleo de por vida" y la CE ha revisado su generosa política social" por lo que "las naciones desarrolladas están cada vez más preocupadas en aliviar a sus propias poblaciones del ajuste de costos del intercambio internacional". En suma, se observa que la globalización ha producido un cambio drástico no solo en el ámbito económico, sino también, en la moral y la ética.

No menos importante es el cambio producido por la globalización en la visión y postura ética de los gerentes y ejecutivos de las firmas multinacionales. En este sentido, Velásquez (2000) sugiere considerar ciertos aspectos de significación:

- La relación entre la empresa y el país de origen, particularmente cuando el país es en vías de desarrollo.

- Los principios de derechos humanos a aplicar entre la multinacional y sus trabajadores en todo el mundo.
- Principios por los que la multinacional debe regirse en países donde abunde la corrupción.
- La ética relativa a tecnologías riesgosas y su transferencia a un país y/o personas que podrían brindar inseguridades al absorber tal tecnología.
- Los estándares de medio ambiente y trabajo que se deberían adoptar, máxime cuando se opera en un país donde la legislación prevé bajos estándares en estos temas.
- La transparencia es muy importante como regla para contratar a la mejor gente y cita el caso Enron que ha sido un punto de quiebre, ya que tener valores claros ayuda a crear -en el contexto laboral- un ambiente de respeto y ética. Insiste en que los valores se relacionen con el comportamiento social, con las medidas que se tomen para generar sustentabilidad en los negocios, con cumplir con las obligaciones impuestas por el país donde se opere -por ejemplo, el pago de impuestos y obligaciones sociales- y con la interrelación activa con las comunidades donde la empresa tiene presencia. Es por ello, que enfatiza que los valores se relacionan con decir lo que corresponda, hacer lo que se dice y tener procesos que aseguren la libertad de expresión interna. Concluye que la ética llega a temas como el acoso sexual, el maltrato, la discriminación o el favoritismo, el conflicto de intereses, la deshonestidad o el mal uso de los activos de la empresa, entre otros.

Rolando Meninato -Presidente de Dow Química Argentina[23] - indica que tener valores claros simplifica las decisiones, no solo porque el valor es un buen negocio, sino porque la mayoría de las personas prefiere trabajar en un ambiente con valores y ética. Para el ejecutivo no es suficiente donar pintura a una escuela, sino que tiene relación con pagar impuestos y trabajar con las comunidades donde la empresa tiene presencia activa. Coincidiendo con Vázquez, precisa además que "en la práctica, los valores de la compañía son hacer lo que se dice, tener procesos que aseguren la libertad de expresión interna a través de la comunicación abierta y protegida dentro de la empresa".

Hemos visto, cómo cambian los negocios y las formas de llevarlos a cabo y, con ellos, la ética y la moral. Para tomar un ejemplo, a este punto coincidimos con Kliksberg (2002) en que es posible una economía con rostro humano que le permita salir a Latinoamérica del inmenso laberinto en el que se encuentra. Kliksberg y Sen (2007) plantean una disciplina llamada "ética para el desarrollo", que significa hacer regresar la ética al comando de la economía. Finalmente, Kliksberg (2002) asevera que las empresas ya no hablan más de responsabilidad social, sino de la empresa como ciudadano y de una ciudadanía corporativa.

Por todo planteado, los temas éticos y morales se presentan como una gran oportunidad de llegar a muchos más individuos -mejorando su calidad de vida- y a muchos más países -elevando los conceptos sobre los que se pueden fundar nuevos paradigmas- para construir una sociedad más digna y justa. Sin principios éticos y morales se corre el riesgo de aniquilar al individuo que produce, que vota, que vive. En este sentido, la globalización se presenta como una gran oportunidad para elevar y equilibrar los principios de una sociedad que requiere un nuevo denominador común, caso contrario, puede constituirse en la impulsora de nuevas insatisfacciones y penurias.

Una nueva cultura de valores éticos deviene imprescindible si es que se pretenden revitalizar organizaciones y desarrollarlas con sensibilidad social. Seguramente, en el gobierno de las instituciones y en su financiamiento, se encuentran parte de las respuestas; en el individuo mismo, las restantes. Del hombre dependen los resultados que se obtengan.

CAPÍTULO 4
¿CÓMO MEDIR EL ÉXITO DE LA GLOBALIZACIÓN?

En el ámbito de la administración de negocios resuenan insistentes preguntas que giran en torno a la necesidad de medir el éxito de lo que se hace y saber que los recursos aplicados dan el rendimiento adecuado sobre la inversión realizada. La globalización no debería escapar a este precepto. Stewart (1999) se refiere a los CEOs dubitativos que comprenden la necesidad de operar globalmente, aunque no saben si lo están haciendo bien debido a que no están seguros de tener las mejores prácticas de su lado. Propone medir el valor del accionista, entendido como un porcentaje de ventas de la empresa fuera del país de origen, comparado con otras empresas importantes del mundo y del sector. También, sugiere contraponer la globalización a distintas capacidades organizacionales, tales como: gobierno y responsabilidad; estrategia y planeamiento; marketing y servicio; operaciones y tecnología; investigación y desarrollo, y, también, organización y recursos humanos. Brinda algunos ejemplos:

- En recursos humanos, la pregunta fundamental pasa por saber si la sumatoria de las experiencias y conocimientos de los ejecutivos realmente ayudan al proceso de globalización, que nada tiene que ver con contar con ejecutivos de diversos países. Así, el objetivo de la política de recursos humanos debe permitir encontrar personas que puedan hacer un trabajo de excelencia y tengan la posibilidad de un desarrollo global.

- Un gobierno decisivo bien podría contribuir con reducciones de costos laborales, políticos y de medio ambiente.

Las respuestas a las preguntas formuladas quedarán del lado de aquellos que pretendan profundizar en los resultados de la globalización y su evolución. No existen mediciones comúnmente aceptadas y de uso común ya que cada empresa debe decidir las métricas por las que se guiará al respecto de un tema tan controversial como árido. Dejamos planteado el tema para que otros –en su función diaria-develen el camino.

CONCLUSIONES

Ampliar el marco de entendimiento de la globalización, cumpliendo con el objetivo de ayudar a la mejora en la toma de decisiones, nos ha llevado a recorrer distintos ámbitos en los que se han puesto en evidencia características y particularidades de un fenómeno complejo y multidimensional. La sociedad, la cultura, la economía, el Estado y el poder, y hasta, el individuo mismo han sido atravesados por un proceso que no ha dejado estamento colectivo o individual por influir, trastocando la lógica dominante, los espacios y los tiempos conocidos. El universo se encuentra a la intemperie, y los medios de locomoción y comunicación hacen posible llegar a los lugares más insospechados en tiempos veloces.

Se reconfigura el espacio político y de poder -con tensiones sociales, desigualdad y marginalidad- induciendo a la ambigüedad, a la polivalencia y a una nueva dimensionalidad. A nivel países y en términos políticos y económicos, la globalización compromete la soberanía nacional y el control local, donde nuevas fuerzas jaquean los factores de poder establecidos. Aparece la ciudad global con sus nuevos usuarios: las empresas extranjeras, los nuevos profesionales transnacionales y los inmigrantes. Todo esto da la idea que la homogenización cultural es posible, aunque pareciera que estamos muy lejos de que tal hecho ocurra.

Se reformulan normas – que generalmente son de corte liberal y fijan nuevos modelos en las relaciones internacionales- aunque no necesariamente esto significa que se han logrado nuevos grandes consensos. Los temas transnacionales superan las realidades locales y los discensos llegan a todo el planeta. A nivel legislativo, la puja y los desequilibrios son moneda corriente, por lo que las nuevas y las viejas normas compiten en dificultosa relación. Paralelamente, el Estado pierde su identidad –entrando en decadencia- y el Ejecutivo gana poder, afectándose la calidad democrática. Es momento de preguntarnos sobre los alcances de todas estas reconfiguraciones, sobre los consensos necesarios y, hasta sobre si la democracia –tal como está planteada- cumple con los objetivos actuales de los individuos.

Los gobiernos, las organizaciones y las empresas confluyen en un amplio arco de decisiones que afectan sus estructuras internas y sus interrelaciones con socios, en un ambiente en el que se requiere de habilidades de negociación, comunicación y entendimiento nunca antes experimentadas. El ambiente social y económico – que abarca a los países, las actividades que agregan valor, los procesos y procedimientos- ofrece una nueva lógica que aún le resulta esquiva a muchos gobernantes, alejándolos de la atracción del capital y del juego competitivo entre países. El globalismo -aspecto de la globalidad centrado solo en lo económico- debería dar lugar a nuevas interrelaciones que amplíen los más estrechos horizontes actuales.

A su vez, la identidad individual se diluye hasta perderse, ya que pareciera depender del otro más que de uno mismo, dando lugar a una identidad superficial, externa y basada en patrones perecederos. Como resultado, el ser humano se instala en lo transitorio, en lo mercantil y en el ahora, descreyendo de valores, virtudes e instituciones. Se llega al punto en el que –debido a las fragmentaciones e integraciones simultáneas a las que se lo somete- la identidad individual colapsa y se vuelve fútil. El individuo ya no cuenta con las mismas referencias al contexto social, y su mundo se hace mucho más inestable e incierto; tampoco pertenece a un lugar fijo e inamovible, lo que origina el cosmopolitismo y las identidades múltiples. Se llega al punto en que la identidad es olvidada porque se pierde la referencia a la historia y las explicaciones se dan a partir de la metáfora y la utopía. La identidad no responde al lugar donde se ha nacido, sino que se encuentra vinculada a lo momentáneo y a los bienes a los que se accede.

El entramado social guarda nueva fisonomía -con nuevos actores, categorías y conflictos en la ciudad global- lo que hace que se observen nuevas segmentaciones sociales y verdaderas subculturas que alientan la desintegración de las culturas locales, vigorizando los nacionalismos. De allí, que las ciencias sociales deban ser replanteadas a partir de nuevas observaciones y visiones de un mundo en movimiento, ya que – a modo de ejemplo- los censos y los estudios de mercado se presentan estáticos e inexpresivos ante la velocidad e interactividad en la nube.

Construir una identidad significa mirarnos a nosotros mismos, pero poner –también- la mirada en el otro; es reconocer las diferencias e incorporar lo que de los otros pueda ser de valor, sin llegar a ser absorbidos por una cultura dominante. Se presenta bajo la forma de una reafirmación de las tradiciones culturales, de la lengua, de las costumbres y como un proceso de lucha política entre facciones sociales que construyen espacios expresivos y reflexivos con manifestaciones múltiples de lo diverso (subculturas, etnias, etc.). Construir una identidad es evitar lo extremo o la unilateralidad, respetando las diferencias culturales y sabiendo que con desconfianzas, hostilidades, diferencias y agresiones no es posible encarar construcciones sociales que -basadas en la historia y los propios valores- sean duraderas.

Para todos —individuos, países, gobiernos, instituciones y organizaciones- vivir en contextos cerrados ya no resulta aplicable, como tampoco, pensar que la globalización solo afecta a unos y no a otros. En este nuevo contexto, los distintos actores deben adoptar nuevos roles y tomar decisiones que, cada vez más, ponen al descubierto errores en el entendimiento de situaciones heterogéneas e imprecisas, lo que los lleva a perder las seguridades que los han guiado hasta el momento. De ahí, que el liderazgo – personal, tecnológico, etc.- deba ser planteado en nuevos términos.

Desde lo económico, la globalización hace que el interés por lo internacional y mundial se acreciente, y que el intercambio y las inversiones —muchas de ellas especulativas- deambulen en búsqueda constante de mejores ganancias. Se observa, además, un restrictivo nivel de política organizacional pública decidida por cada Estado y un nivel superficial de cultura -percibida como foránea y extranjerizante- que impone límites a la aceptación de empresas, métodos e influencias. En este contexto, el neoliberalismo entra en escena y el poder pasa del ciudadano al inversor, desplomando la lógica existente.

Los valores y modelos pasan a manos de lo comercial y la racionalidad instrumental desplaza a la razón universal. El corto y el largo plazo se confunden, haciéndole perder el rumbo a tantas organizaciones. Los tiempos son breves hasta para muchos inversionistas que imponen que las ganancias se generen rápidamente, desoyendo que los nuevos negocios requieren de condiciones —creatividad, innovación, estrategia, etc.- que solo pueden desarrollarse en más largos períodos de tiempo. Lo imposible y remoto se hacen presentes.

A su vez, devenir en jugador global no está ligado al tamaño de la empresa o a los recursos que se posean; sí al conocimiento, al posicionamiento competitivo y a los recursos a los que puedan accederse. Es por eso, que las empresas transnacionales se desarrollan más allá de las fronteras geográficas y políticas, y el desarrollo de oportunidades requiere de un enfoque "glocal" (pensamiento global + actuación local). En este juego, pareciera que los que tienen mayores posibilidades son las grandes multinacionales y los pequeños jugadores de nicho con mercados en el exterior; la "aldea global" casi no admite a los jugadores que solo se desempeñan en ámbitos locales, y hasta la PYME debe ser reconsiderada.

Global, glocalización y localizaciones múltiples son nuevas decisiones que tienen que ver con este amplio arco de alternativas y posibilidades, aunque las estrategias globales muy ambiciosas deberían ser abolidas ya que primero, resulta menester focalizar los mercados locales, y luego, expandirse a culturas regionales más compatibles. En estos casos, los mercados más cercanos –por el conocimiento local, de la industria, la cultura y el idioma– parecen ser lo más apropiado hasta que la empresa cuente con las condiciones necesarias como para expandir aún más sus operaciones. Así, lo remoto se convierte en extraño.

Ante un contexto extremadamente mercantil y sin referencias precisas, hasta el entrenamiento y la capacitación deberían responder a los nuevos desafíos que se plantean, siendo la Universidad, las instituciones y, finalmente, cada individuo, los que ayuden al reacomodamiento y evolución de la situación.

También, los procesos básicos de las organizaciones requieren de modificaciones e innovaciones para ser adaptados a este nuevo contexto; su regionalización y/o globalización devienen más importantes, aún, cuando es posible la estandarización en productos y procesos. Todo esto es ayudado por condiciones laborales endebles en muchos países, por la especialización flexible y por la posibilidad de fragmentación de los procesos productivos. El poder de compra de las organizaciones se convierte en un factor fundamental, como también, aspectos operativos que se entrelazan con la cadena de suministros y los procesos globalizables relativos al negocio y a la administración. Ya nada puede ser librado al azar; tanto la estrategia como el marketing y la operación deben alzar sus niveles de eficiencia para lograr el impacto pretendido en los mercados donde se compite.

De este modo, la estrategia corporativa y el marketing global han sido inevitablemente alcanzados gracias a que existen más eficientes maneras de plantear los procesos administrativos y operativos, para los que hay que encontrar nuevos entendimientos al respecto de la estrategia tecnológica. Todo esto es debido a que Internet ha democratizado la información -haciéndola llegar a todos- y a que los espacios electrónicos se combinan con los no electrónicos, impactando la cadena de valor en nuevos modos. Innovación, comunicación y tecnología son significativas propuestas que hace la globalización; el desafío gerencial y de recursos humanos implica responder a estos temas en modo inequívoco.

El poder corporativo ha crecido y no es constante bajo el imperio de la globalización, aunque varía de acuerdo al contexto institucional y económico. El poder económico del capital pone a prueba a muchos países y obliga a que se replanteen las condiciones competitivas que ofrecen. Pero, no todo es tan benéfico u hostil ni tan definitivo; la comparación con otros países se hace cada vez más importante. Tal es así que -en determinados países- el incremento de las inversiones extranjeras ha restringido la libertad de los gobiernos que –con el fin de atraerlas y mantener un cierto liderazgo competitivo- tuvieron que equilibrar impuestos y temas regulatorios con los otros países. Paralelamente, los desequilibrios y despojos se instalan a todo nivel y son cuestionados los límites del Estado asistencial, y quiénes y en qué circunstancias se financian los negocios. De este modo -desde el punto de vista de los gobiernos- el tema de los negocios cobra importancia al momento de dar forma a las políticas públicas.

La respuesta que cada gobierno pueda dar será clave para definir su futuro, la sustentabilidad de sus negocios y la tan necesaria atracción de capitales. Las diferencias existentes en los distintos países —en educación, desarrollo de recursos, innovación, adaptación, etc.- serán los elementos clave que definan los movimientos futuros de un capital que no responde a la lógica territorial tradicional.

La globalización crea oportunidades y amenazas por doquier. El mundo se ha ampliado de los países desarrollados a los emergentes, y las innovaciones y el capital fluyen en ambas direcciones. Muchas empresas de países emergentes compran negocios y marcas en países del primer mundo y otras, dejan de fabricar sus productos, manejando solo ideas, innovación y estrategias. Aparecen "otros campeones" que toman el lugar de empresas que han sido líderes y símbolos en tiempos pretéritos. Se crea la ficción que la competencia en los países emergentes es injusta, aunque empresas -en este tipo de países y por contar con aliados políticos- reciban subsidios, beneficios o accesos preferentes a la provisión de recursos[24].

En este punto, la ética y la moral se muestran inhábiles a seguir el curso de los acontecimientos, dejando en descubierto situaciones que para muchos pasan desapercibidas. La Iglesia muestra signos de rescate y equilibrio, aunque cada individuo cuenta con un profundo significado, el develarlo y darle un sentido es la ineludible responsabilidad de todos. Las fortalezas para tamaña tarea deberían surgir del advenimiento de nuevos valores sustentados en una cultura de lo global y lo diverso, del entramado de las ciudades globales en conexión e interdependencia y de individuos con profundas capacidades y convicciones.

La globalización no es un tema de modernidad, de nacionalismos o retórico; sí es un tema práctico y —definitivamente- de supervivencia. No existen mapas o mejores prácticas ya que para algunos, la globalización representa un gran interrogante por las incertidumbres y las asechanzas que la rodean; y para otros, es la oportunidad que estaban esperando.

La puja entre la productividad y competitividad de los gobiernos y de las empresas requiere de nuevos equilibrios. Así -cada vez más- los gobiernos son forzados a presentar planes austeros que marquen una previsibilidad política y de negocios hacia el futuro.

El nuevo mapa de ganadores y perdedores, de las prácticas exitosas y de las fallidas, se irá construyendo en base a una dura experiencia diaria, teniendo presente que la evolución del mundo de los negocios aniquila el pasado -tanto a nivel individual como global-, desprotegiendo no solo al presente, sino también al futuro.

BIBLIOGRAFÍA

A bigger world (2008), The Economist [Revista Electrónica], 388, 18/09/2008, disponible en: http//www.economist.com.

Aldridge J. y Christensen L. (2008). Globalization Is Expected to Increase despite Economic Conditions. Washington, USA: Childhood Education.

Ammer, D. (1971). Our antitrust laws are anticompetitive: An examination of price and quota enforcement. Business Horizons Journal, 14 37:48.

Archibugi D. y Pianta, M. (1992). Specialization and size of technological activities in industrial countries: The analysis of patent data. Consiglio Nationale delle Richerche, Istituto di studi sulla ricerca e documentazione scientifica. Research Policy, 21, 79:93.

Barham, K. y Oates, D. (1995). La internacionalización de la empresa. Barcelona, España: Ediciones Folio.

Barker, T. y Sekerkaya, A. (1992) Globalization of Credit Card Usage: The Case of a Developing Economy. International Journal of Bank Marketing, 10: 27–31.

Barrera, A. (2008). Globalization's Shifting Economic and Moral Terrain: Contesting Marketplace. Harvard Theological Studies, 69, 290-308.

Beck, U. (1998). ¿Qué es la Globalización? Falacias del globalismo, respuestas a la globalización. Madrid: Paidós.

Beck, U. (2005) La mirada cosmopolita. Barcelona: Paidós.

Bernard, K. y Rajagopal, S. (1993) Strategic Procurement and Competitive Advantage. International Journal of Purchasing and Materials Management, 14.

Bower, D. y Sulej, J. (2007) The Indian Challenge: The Evolution of a Successful New Global Strategy in the Pharmaceutical Industry, Edinburgh: ESRC Innogen Centre, The University of Edinburgh.

Cagle, J., Holmes, V. y otros (2008) Using Ethics Vignettes in Introductory Finance Classes: Impact on Ethical Perceptions of Undergraduate Business Students. Journal of Education for Business, V. 84, 76-83.

Calvert, S. y Martínez Bernadette E.(2003) Developing Global Managerial Skills. Boston, USA: Business Education Forum.

Cantwell, J. y Janne, O. (1999) Technological globalization and innovative centres: the role of corporate technological leadership and locational hierarchy. Journal of International Management, 28:119-144.

Cantwell, J. y Piscitello, L. (2002) The location of technological activities of MNCs in European regions: The role of spillovers and local competencies. Journal of International Management, 8:69-93.

Conaway, R. y Fernandez, T. (2000) Ethical preferences among business leaders: implications for Business Schools. Business Communication Quarterly. Sage Journal, 63:23-38.

Cordeiro, W. (2003) The Only Solution to the Decline in Business Ethics: Ethical Managers. Teaching Business Ethics Journal, 7:265.

Crane, F. (2004). The teaching of business ethics: an imperative of Business Schools. Philadelphia, USA: Journal of Education for Business.

Crosby, L. y Johnson, S. (2002) The Globalization of Relationship Marketing. Chicago, USA: Marketing Management.

Day, G. y Schoemaker, P. (2004) Driving through the fog: managing at the edge. Long Range Planning Journal. 37:27–42.

Dossenbach, T. (2002) Globalization Strategies. Wood & Wood Products. 107: 29-31.

Drucker, P. (1984) The coming of the new Organization. Boston, USA: Harvard Business Review.

Drucker, P. (2005). Big Thinking, Boston, USA: Harvard Business Review.

Dunne, S.(2008) Corporate social responsibility and the value of corporate moral pragmatism. Culture and Organization, 14:135–149.

Farnsworth, K. (2006). Globalisation, business and British public policy. University of Sheffield, Abingdon, Oxon, UK: Contemporary Politics, Routledge. 12.

Galindo, M; Guzmán Cuevas, J. (2008). The Role of Ethics in Economics and Management: Galbraith–Drucker approaches. Atlanta, GA, USA: International Atlantic Economic Society.

García Canclini, N. (1995). Consumidores y Ciudadanos. Conflictos multiculturales de la globalización. México: Grijalbo.

García, P. (2001). Subconjuntos borrosos y ontología de las organizaciones. Cuadernos de Cimbage, Número 004, 29-39.

García, P. (2003). Fuzzy logics, redes comunicacionales y gestión de organizaciones complejas. León, España: León Editores.

García, P. (2004). Causal Regression and the limits of methodological individualism. Reggio Calabria, Italia: Falzea Editore.

George, B. (2008). Ethics Must Be Global, Not Local. Business week, 12/02/2008, Pág 8.

Gowen, C. y Pecenka, J. (2002). Impact of technological leadership on American and Japanese corporate turnaround strategies, New York, USA: NBER.

Hayworth, G. y Moeller, P. (2005). Business Ethics on the Web: Developing a Tool for Ethics Research, Journal of Business & Finance Librarianship. 11.

Ianni, O. (1996) Teorías de la globalización. México: Siglo XXI Editores.

Jacobsson S., Oskarsson, C. y Philipson, J. (2004) Indicators of technological activities comparing educational, patent and R & D statistics in the case of Sweden. Göteborg, Suecia: Chalmers University of Technology press.

Janne, O. (2002). The emergence of corporate integrated innovation systems across regions: The case of the chemical and pharmaceutical industry in Germany, the UK and Belgium. Reading, UK: University of Reading.

Joachimsthaler, E., Helmstein, M. y Leppanen R. (1993) A note on the organizational implications of globalization. Technical note of the research department at IESE.

Kliksberg, B. (2002) Hacia una economía con rostro humano. Buenos Aires: Facultad de Ciencias Económicas de la Universidad de Buenos Aires.

Kliksberg, B. La equidad no se consigue por decreto. 2008. [En línea] Consulta 16/09/2009. http://www.lanacion.com.ar/1021378-bernardo-kliksberg-la-equidad-no-se-consigue-por-decreto.

Kliksberg, B.(2002). La economía más humana. Entrevista con el autor realizada por la revista (La Nación 6-Octubre-2002, en línea). (Consulta: 16/09/2009) http://www.lanacion.com.ar/edicion-impresa/suplementos/revista.

Kliksberg, B; Amartya, S. (2007). Primero la gente, Barcelona: Ediciones Deusto.

Knight, G. (2000) Entrepreneurship and Marketing Strategy: The SME under Globalization. Journal of International Marketing, 8:12-32.

Knight, G.; Rialp, A., y otros (2010) La vocación global de los nuevos modelos de PYMES. El caso de las empresas born globals. 375: 1-20

Kreyche, G. (2007) Do ethics promise too much? [En línea] Consultado el 16/09/2009. http://goliath.ecnext.com/coms2/gi_0199-6619698/Do ethics-promise-too-much.html.

Kumar, N. y Saqib, M. (1996). Firm size, opportunities for adaptation and in-house R & D activity in developing countries: the case of Indian manufacturing. Brighton, UK: Elsevier.

Lam, A. (2005) Organizational Innovation. En: Fagerberg, J. Mowery, D. C. y

Larraín, J. (1996), Modernidad, Razón e Identidad en América latina. Santiago de Chile: Editorial Andrés Bello.

Luostarinen, R. y Gabrielson, M. (2002) Globalization and Global Marketing, Strategies of Born Globals in SMOPECs, 28th. EIBA Conference, 8-10.

Lyne, J. (1997) Globalizing: Real Estate Payoffs and Perils. Site Selection, 42:110-112.

Nelson, R. (1990). U.S. technological leadership: Where did it come from and where did it go? New York: Columbia University Press.

Patel, P. y Pavitt, K. (1997). The technological competencies of the world's largest firms: Complex and path-dependent, but not much variety. Brighton: Elsevier.

Ponce Segura, O (2003) El Nuevo paradigma de especialización flexible. Oikos: Revista de la Escuela de Administración y Economía, N° 16. Universidad de La Rioja.

Prahalad, C. A corrupt nation cannot be rich. (2008). [En línea] (Consultado el 19/11/2009) en: http://www.hindustantimes.com/A-corrupt-nation-cannot-be-rich-CK-Prahalad/Article1-309791.aspx.

Rajagopal, S. y Bernard, K. (1993) Globalization of the Procurement Process. Marketing Intelligence & Planning Journal, 11:44-56.

Reigadas, M. (1998) Entre la norma y la forma: cultura y política hoy. Buenos Aires, EUDEBA.

Reigadas, M. Sociedad Global y Justicia. En: Primeras Jornadas de Ética "No matarás": conferencia (14: 2000: Buenos Aires). Las vacancias del derecho y los límites de la ciudadanía. Facultad de Filosofía, Historia y Letras. Universidad del Salvador. Buenos Aires: Universidad del Salvador, 2000, ISSN 1852-1045

Rilova Salazar, F. (s/f). La post-modernidad o la muerte de la razón. Madrid: Pearson, Prentice Hall.

Santángelo, G. (2009). MNCs and linkages creation: Evidence from a peripheral area. Journal of World Business. 44, 192-205

Sassen, S. (2007) Una sociología de la globalización. Buenos Aires: Katz editores.

Schiebel, J. y Pöchtrager, S. (2003) Corporate ethics as a factor for success - the measurement instrument of the University of Agricultural Sciences (BOKU). Vienna, Supply Chain Management. 8:116-121.

Schuh, A. (2000) Global Standardization as a Success Formula for Marketing in Central Eastern Europe? Journal of World Business, 35:133-48.

Shamir, R. (2004) The De-Radicalization of Corporate Social Responsibility. Critical Sociology, Sage Journal, 30 (3) 660-689

Sirkin, H.; Hemerling, J y otros (2008) Globality: challenger companies are radically redefining the competitive landscape. Strategy & Leadership Journal, 6:36.

Stewart, T. (1999) A Way to Measure Worldwide Success. Fortune, 139:196-201.

Swidler, L.(2007). A Global Ethic: An Introduction. Journal of Ecumenical Studies, 42:333-336.

Vasconi, T. A., (1991) Las ciencias sociales en América del Sur y Chile. 1960-1990. Centro de Investigaciones Sociales – Universidad ARCIS, Santiago de Chile.

Velasquez, M. (2000) Globalization and the failure of ethics. Business Ethics Quarterly, 10:343.

Waks, L. (2004). In the Shadow of the Ruins: Globalization and the Rise of

Corporate Universities. Policy Futures in Education, 2:278-298.

Wallace, R. (2008). India rides growth wave into new age of tech globalization. Electronic Engineering Times Magazine, 1515, Pág. 12.

Wallerstein, I. (2006) Análisis de sistemas-mundo. Una introducción. Siglo XXI Editores, Madrid.

Wood, S. (2003) National Affinities and Globalisation: Business and Beyond. Global Society, 17:39-58.

Yach, D. y Bettcher, D. (2000) Globalisation of tobacco industry influence and new global responses. Tobacco Control, 9:206-216.

GLOBALIZACIÓN. Entender el nuevo ámbito mundial y tomar decisiones.

ABOUT THE AUTHOR

Leandro A. Viltard - leandroa@viltard.com.ar

- Specialist in International Business Development, Executive training and Sustainable Social Responsibility. Experience in:
  - Diverse geographical markets: Latin America, US, Europe, China and India
  - Different industrial sectors: mass markets, retail, services and IT
  - Key business areas: Marketing, Sales, Administration and Finance, Planning, Control and General Management
  - Start-ups, Organizational change and Process improvement.
- PhD in Administration (Buenos Aires University, UBA), Bachelor in Business Administration (UBA), Accountant (UBA) and Post Graduate Program-Executive Development Program (North-western University, Kellogg, Illinois, USA)
- Professor (undergraduate and post graduate: National and International Universities. Subjects: International Business, Marketing, Corporate Strategy, Management, Business Innovation and CSR:
  - MBAs: Palermo University (Argentina) and Universidad Argentina de la Empresa (UADE, Argentina).
  - Undergraduate Programs: Pontificia Universidad Católica Argentina (UCA, Papal Catholic University from Argentina). Rouen Business School, Visiting Professor (France).
- Ex-President of Bertrand Russell Campus /University of Wales, Italy and Senior Executive in different international firms:
  - US corporations: IBM, PepsiCo International y Silicon Graphics International
  - Family businesses: Sagaz Enterprises Corp. (USA) y Gruppo CEPU (Italy).
- Author of:
  - *Books:*
    i. "Compita y Gane" (Compete and Win). About corporate strategy and business, Metas Publishing (2000)
    ii. "Los No. 1 en Responsabilidad Social Sustentable" (The No 1 in Sustainable Social Responsibility), Kier-Management Publishing (2011)
  - *Articles* in connection with his specialties.

1. http://www.ciberdocencia.gob.pe/archivos/globalizacionC.pdf, fecha de consulta 16/03/2013.
2. Luhmann, N (2007) La sociedad de la sociedad. Herder/Universidad Iberoamericana, México.
3. Esta temática es ampliada en el acápite siguiente "Ambiente económico".
4. Este planteo de Beck (1998) complementa el que propone Sassen (2007) y que fuera mostrado en el punto anterior "Cultura y Sociedad" cuando nos referíamos a que las ciencias sociales deben cambiar.
5. Ídem 4.
6. Diario Clarín, Sección Economía y Negocios, del 10/05/2009.
7. Creemos que esto está cambiando bastante en los últimos años. De hecho existen distintas publicaciones, consultoras y especialistas que indican una gran potencialidad de crecimiento en los países emergentes.
8. El tema de ciudades globales ya fue tratado en el acápite referido a "Cultura y Sociedad".
9. Ídem 5
10. Temática aludida en el acápite "Cultura y Sociedad".
11. Esto es relativo ya que se verifican conflictos en las empresas satélites que involucran a las empresas madres o contratantes. Tal el caso de Apple en China, con protestas que ha tenido que afrontar por las condiciones laborales en ese país, solicitándosele un iPhone "ético". Diario Clarín, Sección Tecnología del 10/02/2012.
12. Diario La Nación el 7/12/2008, Sección Economía & Negocios, Buenos Aires, Argentina.
13. Este tema ya fue abordado anteriormente en este punto de ambiente económico.
14. Entrevista a la socióloga S. Sassen "El Estado se globaliza, la Legislatura se domestica", Diario Página 12, 29/04/2007.
15. Ídem 13.
16. Ver referencia 22.
17. Ídem 19.
18. Ídem 10.
19. Daniel Bell, citado por Giddens, Anthony. Un mundo desbocado, p. 25.
20. Esta afirmación coincide con la de muchos autores, especialistas y consultoras que, en la actualidad, prevén posibilidades de saltos cuantitativos importantes en los negocios gracias al crecimiento que pueden aportar los países emergentes al crecimiento mundial. China e India aparecen como los grandes ganadores en este aspecto.
21. Strange, S. (1988) States and Markets. Continuum, London.
22. The World's View of Multinationals. The Economist. January 29, 2000, 22.
23. Diario La Nación del 7/12/2008. Sección Empleos. Buenos Aires.
24. "A bigger world" 18/09/2008.

www.ingramcontent.com/pod-product-compliance
Lightning Source LLC
Chambersburg PA
CBHW040907180526
45159CB00010BA/2962